新任经理人进阶之道系列

人力资源工作中的
108个怎么办

新任经理人进阶之道项目组　组织编写

U0314613

全国百佳图书出版单位

化学工业出版社

·北京·

内容简介

《人力资源工作中的108个怎么办》是针对新手人力资源经理而编写的，包括六部分，每部分四节，对应采用"月"代表"章"，"周"代表"节"。本书具体由第一个月——进入角色；第二个月——自我提升；第三个月——员工配置；第四个月——员工培训管理；第五个月——薪酬、福利与绩效管理；第六个月——员工关系管理。

本书进行模块化设置，简单易懂，具有较强的可读性，全面系统地对新任职人力资源经理刚上任半年来的工作进行了梳理，适合新上任的人力资源经理和从事人力资源管理的人士阅读，也可供管理咨询顾问和高校教师做实务类参考指南。

图书在版编目（CIP）数据

人力资源工作中的108个怎么办/新任经理人进阶之道项目组组织编写. —北京：化学工业出版社，2023.4

（新任经理人进阶之道系列）

ISBN 978-7-122-42998-8

Ⅰ.①人⋯　Ⅱ.①新⋯　Ⅲ.①人力资源管理　Ⅳ.①F243

中国国家版本馆CIP数据核字（2023）第033142号

责任编辑：陈　蕾　　　　　　　　　　　　　　装帧设计：溢思视觉设计／程超
E-mail: isstudio@126.com

责任校对：宋　夏

出版发行：化学工业出版社（北京市东城区青年湖南街13号　邮政编码100011）
印　　刷：北京云浩印刷有限责任公司
装　　订：三河市振勇印装有限公司
787mm×1092mm　1/16　印张14½　字数285千字　2023年5月北京第1版第1次印刷

购书咨询：010-64518888　　　　　　　　　　售后服务：010-64518899
网　　址：http://www.cip.com.cn
凡购买本书，如有缺损质量问题，本社销售中心负责调换。

定　　价：68.00元

职场上的第一次晋升，对每一位新任职的经理人来说都意义非凡。

通常在上任之初，新任职经理人都有不少热烈的愿望，比如要成为一个让下属们追随的好领导，要带领团队做出骄人的业绩等。然而，在实际管理的过程中，却发现问题接踵而来。

就个人层面而言，升迁为一名经理人，意味着新的机会与挑战。但面临新上司、新同事、新下属、新环境，新任职经理人也会需要适应。一个人任职初期的表现，可能会形成日后人们的刻板印象，如果起步失败了，将来必须加倍努力才能扭转劣势；但通常情况，公司可没耐心等你慢慢摸索。

管理学大师彼得·德鲁克说，"管理是一门综合的艺术"。管理者既要具备基本原理、自我认知、智慧和领导力，还要不断实践和应用。所以，团队管理从来就不是一件一蹴而就的事情，而是一个长期、持续的自我修炼的过程。

作为一名新任职的经理人，首先要明确自己所担负的岗位职责、任务、管理职能，以及应具备的素质和技能，同时，也让自己的思维、视野得到较大开拓，提升自己的管理理论水平与专业水平，不断提升管理能力。修己、达人，与团队实现共赢，才是最好的职场进阶之路。

基于此，我们编写本书，为新上任经理人提供行动计划和可能遇到的问题解决方案，提供建议和参考。

《人力资源工作中的108个怎么办》是针对新手人力资源经理而编写的，包括六部分，每部分四节，对应采用"月"代表"章"，"周"代表"节"。本书具体由第一个月——进入角色；第二个月——自我提升；第三个月——员工配置；第四个月——员工培训管理；第五个月——薪酬、福利与绩效管理；第六个月——员工关系管理等内容组成。

本书进行模块化设置，简单易懂，具有较强的可读性，全面系统地对新任职人力资源经理刚上任半年来的工作进行了梳理，适合新上任的人力资源经理和从事人力资源管理的人士阅读，也可供管理咨询顾问和高校教师做实务类参考指南。

　　由于笔者水平有限，书中难免出现疏漏，敬请读者批评指正。

编者

CONTENTS 目录

第一个月　进入角色

第二个月　自我提升

第三个月　员工配置

第四个月　员工培训管理

第五个月　薪酬、福利与绩效管理

第六个月　员工关系管理

第一个月

进入角色

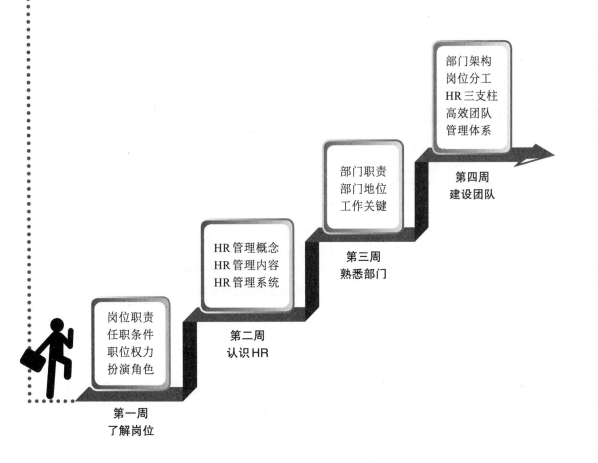

第一周
了解岗位

岗位职责
任职条件
职位权力
扮演角色

第二周
认识HR

HR管理概念
HR管理内容
HR管理系统

第三周
熟悉部门

部门职责
部门地位
工作关键

第四周
建设团队

部门架构
岗位分工
HR三支柱
高效团队
管理体系

第一周　了解自己的岗位

为什么我被提升为人力资源经理，而不是别人呢？因为你具备人力资源经理的任职条件，你知道人力资源经理要做什么，你知道如何去做，而且肯定能做好。

问题1：人力资源经理的岗位职责是什么？

1.人力资源经理的岗位功能

人力资源经理是人力资源部门工作的管理者，应具有如图1-1所示的三大岗位功能。

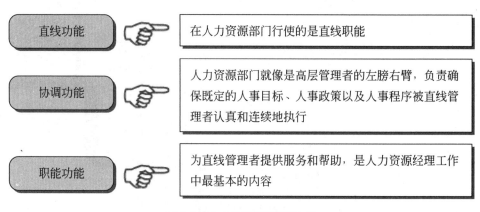

直线功能	→	在人力资源部门行使的是直线职能
协调功能	→	人力资源部门就像是高层管理者的左膀右臂，负责确保既定的人事目标、人事政策以及人事程序被直线管理者认真和连续地执行
职能功能	→	为直线管理者提供服务和帮助，是人力资源经理工作中最基本的内容

图1-1　人力资源经理的功能

2.人力资源经理的具体职责

为达成以上功能，人力资源经理须负起以下责任。

（1）参与制定人力资源战略规划，为重大人力资源决策提供建议和信息支持。

（2）组织制定、执行、监督公司人力资源管理制度。

（3）协助人力资源总监做好相应的职位说明书，并根据公司职位调整需要进行相应的变更，保证职位说明书与实际相符。

（4）根据部门人员需求情况，提出内部人员调配方案（包括人员内部调入和调出），经上级领导审批后实施，促进人员的优化配置；与员工进行积极沟通。

（5）制订招聘计划、招聘程序，进行初步的面试与筛选，做好各部门之间的协调工作等。

（6）根据公司对绩效管理的要求，制定评价政策，组织实施绩效管理，并对各部门绩效评价过程进行监督控制，及时解决其中出现的问题，使绩效评价体系能够落到实处，并不断完善绩效管理体系。

（7）制定薪酬政策和晋升政策，组织提薪评审和晋升评审，制定公司福利政策，办理社会保障福利。

（8）组织员工岗前培训、协助办理培训进修手续。

（9）配合上级做好各种职系员工发展体系的建立，做好员工发展的日常管理工作。

（10）完成上级交办的其他工作。

下面提供一份××公司在××网站上发布的人力资源经理的招聘信息，如图1-2所示。

人力资源经理　10-15万

5～10年　｜　本科

职责描述：

1.根据公司发展战略目标，制定年度人力资源工作规划，组织、协调年度人力资源规划。

2.制定并不断优化人力资源管理各项制度，优化人力资源各项工作流程，提升整体人力资源管理水平。

3.组织年度人员招聘需求，制订年度招聘计划，保障各部门人力需求。

4.组织开展公司人员培训各项工作，进行培训需求调研，制订公司人力资源培训计划，建立内训和外训机制，提升人力资源质量。

5.制定公司薪酬管理制度和福利政策，进行薪酬体系设计与管理。

6.构建和谐的劳动关系，根据经营发展需要，参与重大人事决策。

任职要求：

1.大专以上学历，人力资源相关专业优先。

2.5年以上人力资源经理工作经验，大型制造业优先。

3.熟悉人力资源管理六大模块，对现代企业人力资源管理模式有系统的了解和丰富的经验。

4.具备领导力和管理能力。

图1-2　××公司在××网站上发布的人力资源经理的招聘信息

问题2：人力资源经理的任职条件是什么？

作为一名合格的人力资源经理，必须是才能与品德兼备，知识与经验共存，因为只有如此才能更好地履行人力资源管理工作。

1.职业知识

人力资源经理的职业知识体系已经形成，包括基本的管理学理论、经济学理论、心理学理论、社会学理论、人力资源专业理论，以及与企业经营直接相关的经营知识。

2.职业技能

人力资源管理是一个非常专业的职业，有它独特的职业技能，包括如图1-3所示的内容。

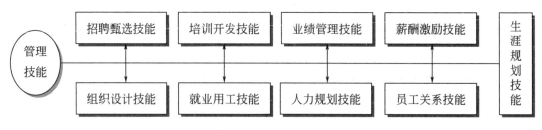

图1-3 人力资源管理技能

3.职业能力

人力资源经理还应当具备一些突出的职业能力，如管理沟通能力、冲突协调能力、激励鼓舞能力、洞察判断能力等。

4.良好的品德修养

人力资源经理应具有如图1-4所示的品德修养。

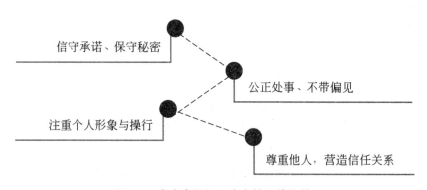

图1-4 人力资源经理应有的品德修养

（1）信守承诺、保守秘密。

人力资源经理自身素质中最为重要的一点就是个人的诚信。人力资源经理因工作性质的原因，掌握了企业中与人相关的大量重要信息，如果一名人力资源经理将本公司员工的信息泄露给猎头公司甚至竞争对手的公司，那么对于这家公司来讲，无疑是一场灾难！

另外，作为人力资源经理，信守承诺的第二点就是慎做承诺。在为他人做承诺前一定要清楚了解承诺的内容，如完成的条件是否具备，掌握的信息是否正确和全面。承诺做出之后就要遵守，并不顾一切压力去达成。

（2）公正处事、不带偏见。

无论在何时、何地，只要是超过两个人的地方，追求公平都是人们的目标。而在一个组织中，员工的组织公平感与员工的工作满意度、工作绩效、离职率等都有很大的关系。人力资源经理应当具有公正处事、不带偏见的胜任素质，即在工作中摒弃自己的个人成见和好恶，就事论事，公正对待所有的人。这样，才能在组织中营造公平和谐的组织氛围。

（3）注重个人形象与操行。

作为一名人力资源经理，尤其应该注意自己个人形象与操行的塑造，要养成时刻反省自己的个人形象与操行的行为习惯。

（4）尊重他人，营造信任关系。

对于一个组织来说，信任是无形的资产，低信任造成的高成本比比皆是。员工对企业的不信任如果不能得到正确处理，重新营造出信任的关系，这家公司不但要失去大量的人才，付出高成本重新招聘、培训人才，还会严重损伤企业的声誉，至于给经营上带来的损失更是不可忽视。

人力资源经理作为组织和员工的中间人，对营造员工与企业之间的信任关系起到直接的作用。而尊重他人是营造信任关系的基础和基本路径。尊重他人包括尊重他人的生活习惯和文化背景，尊重他人的人格和价值观，尊重他人自由表达自己的行为和权利。

特别提示

每一个人都有自己的成长背景，都有自己独特的价值观和情感，只有充分尊重他人，才能够在组织中营造信任的氛围。

问题3：人力资源经理有什么权力？

人力资源经理所拥有的权力是履行其工作的基础，没有权力，人力资源经理就不能对员工的行为进行控制管理，管理活动也就无法进行。通常而言行，人力资源经理拥有如图1-5所示的五种权限。

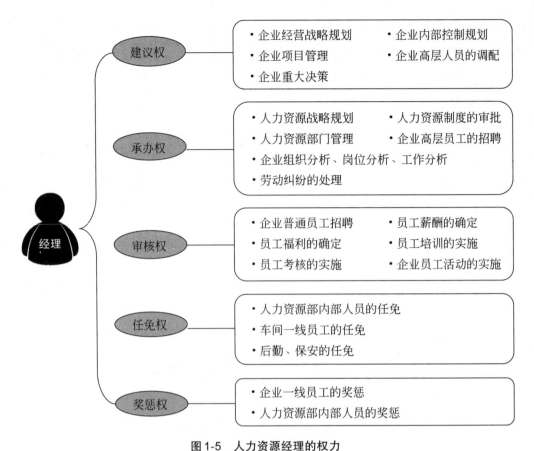

图1-5 人力资源经理的权力

特别提示

人力资源经理诚然大权在握，但一定要注意使用，不要轻易炫耀自己的权力，更不可滥用权力。人力资源经理在使用权力时，必须做到"三不要"：一不要以权谋私；二不要以权徇私；三不要随意用权。

问题4：人力资源经理应扮演什么角色？

现代人力资源经理在企业中通常会扮演如图1-6所示的七种角色。

1.专家角色

人力资源经理是"工程师+销售员"。所谓工程师，意味着人力资源经理首先要专业化，要为企业人力资源问题提供专业化的解决方案，要以其人力资源专业知识与技能赢得组织成员的尊重。

图1-6　人力资源经理的角色扮演

2.业务伙伴角色

人力资源经理要懂得如何将人力资源管理的职能活动与企业业务系统相衔接，要善于与业务经理沟通，站在改善与推进业务的角度，以其专业知识和技能帮助业务经理解决实际问题，帮助业务经理承担带领队伍的责任，帮助业务经理提高工作绩效。

3.服务者角色

作为人力资源经理，一方面要对组织负责，另一方面要对员工负责。对组织，无非就是为公司物色、选拔、培育和留用优秀的人才，使其最大限度地发挥员工的积极主动性，从而使组织能获取最大收益；对员工，无非就是创造一个和谐、稳定、团结、向上的工作环境，让员工愿意并能够充分发挥其特长，为组织尽情创造。因此，一个优秀的人力资源经理，首先应该是一个优秀的服务员。

4.变革推动者角色

从本质上讲，企业的组织与流程变革是人与文化的变革。如果不能通过人力资源的机制与制度的创新，从深层次去改变人的思维方式和行为习性，组织的变革就会流于形式。因此，人力资源经理要主动参与变革，通过相应的人力资源变革方案驱动组织变革。同时，组织在并购重组过程中，在危机与突发事件面前，都需要人力资源管理专业人士提供相应的配套解决方案。

5.知识管理者角色

企业最大的浪费是知识的浪费，企业最大的价值创造源泉是知识的应用与创新，而人是知识的承载者、应用者、创新者。企业通过有效的知识管理，不仅使蕴含在员工个体身上的知识转化为组织的公共资产,并使之得到传播、应用;更重要的是,通过知识管理平台的构建,员工借助知识管理系统可以放大每个人的能力,提高每个人的工作绩效。因此知识管理与人力资源管理的融合可以提高一个企业人力资源管理的整体竞争力。

6.自律者和示范者角色

人力资源经理在管理直接下属的过程中,应该要求自己严于律己,同时把律己的影响力辐射到周围,在本部门的所有成员中产生反响。要让公司员工们感到,公司中每一位人力资源经理既是一个组织中人力资源管理制度与政策的制定者,同时又是模范的执行者。

7.辅助决策者角色

以上的各种角色归纳为一种角色,那就是辅助决策者角色,人力资源经理所做的一切都是为决策者服务的。

第二周 认识人力资源管理

人力资源管理的职责就是通过招聘、调配、培训、考核、奖惩、薪酬、福利等一系列管理活动,激励各类人员的积极性和创造性,从而求得人与事相适应,达到事适其人、人适其事、人尽其才、事竞其功的目的。

问题5:什么是人力资源管理?

人力资源(Human Resource,HR)是指一定时期内,组织中的人所拥有的能够被企业所用,且对价值创造起贡献作用的教育、能力、技能、经验、体力等的总称。

问题6:人力资源管理包含哪些内容?

具体来说,现代人力资源管理主要包括如图1-7所示的一些具体内容和工作任务。

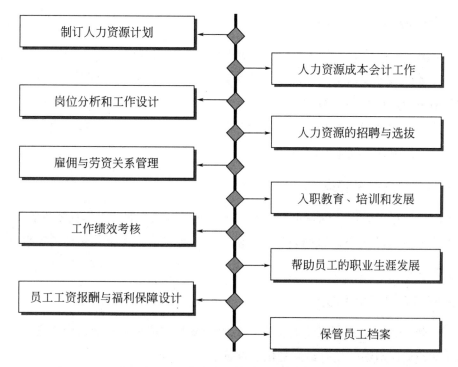

图1-7　人力资源管理包含的内容

1.制订人力资源计划

人力资源部应根据组织的发展战略和经营计划，评估组织的人力资源现状及发展趋势，收集和分析人力资源供给与需求方面的信息及资料，预测人力资源供给和需求的发展趋势，制定人力资源招聘、调配、培训、开发及发展计划等政策和措施。

2.人力资源成本会计工作

人力资源部应与财务等部门合作，建立人力资源会计体系，开展人力资源投入成本与产出效益的核算工作。人力资源会计体系的建立，不仅可以改进人力资源管理工作本身，而且可以为决策部门提供准确和量化的依据。

3.岗位分析和工作设计

对组织中的各个工作和岗位进行分析，确定每一个工作和岗位对员工的具体要求，包括技术及种类、范围和熟悉程度，学习、工作与生活经验，身体健康状况，工作的责任、权利与义务等方面的情况。这种具体要求必须形成书面材料——工作岗位职责说明书。岗位说明书是招聘工作的依据，是对员工的工作表现进行评价的标准，也是进行员工培训、调配、晋升等工作的根据。

4.人力资源的招聘与选拔

根据组织内的岗位需要及工作岗位职责说明书，利用各种方法和手段，如接受推荐、刊登广告、举办人才交流会、到职业介绍所登记等从组织内部或外部吸引应聘人员；并且经过资格审查，如接受教育程度、工作经历、年龄、健康状况等方面的审查，从应聘人员中初选出一定数量的候选人；再经过严格的考试，如笔试、面试、评价中心、情景模拟等方法进行筛选，确定最后录用人选。

5.雇佣与劳资关系管理

员工一旦被组织聘用，就与组织形成了一种雇佣与被雇佣的、相互依存的劳资关系，为了保护双方的合法权益，有必要就员工的工资、福利、工作条件和环境等事宜达成一定协议，签订劳动合同。

6.入职教育、培训和发展

任何应聘进入一个组织（主要指企业）的新员工，都必须接受入职教育，这是帮助新员工了解和适应组织、接受组织文化的有效手段。

为了提高广大员工的工作能力和技能，有必要开展富有针对性的岗位技能培训。对于管理人员，尤其是对即将晋升者，有必要开展提高性的培训和教育，目的是促使他们尽快具有在更高一级职位上工作的各种能力。

7.工作绩效考核

即对照工作岗位职责说明书和工作任务，对员工的业务能力、工作表现及工作态度等进行评价，并给予量化处理的过程。

考核结果是员工晋升、接受奖惩、发放工资、接受培训等的有效依据，有利于调动员工的积极性和创造性，检查和改进人力资源管理工作。

8.帮助员工的职业生涯发展

人力资源管理部门和管理人员有责任鼓励及关心员工的个人发展，帮助其制订个人发展计划，并及时进行监督和考察。这样做有利于促进组织的发展，使员工有归属感，进而激发其工作积极性和创造性，提高组织效益。

9.员工工资报酬与福利保障设计

人力资源管理部门要从员工的资历、职级、岗位及实际表现和工作成绩等方面，来为员工制定相应的、具有吸引力的工资报酬、福利标准和制度。工资报酬应随着员工的工作职务升降、工作岗位的变换、工作表现的好坏与工作成绩进行相应的调整，不能只升不降。

员工福利是社会和组织保障的一部分，是工资报酬的补充或延续。它主要包括政府规定的退休金或养老保险、医疗保险、失业保险、工伤保险、节假日补贴，以及企业为了保障员工的工作安全和卫生，所提供的必要的安全培训教育、良好的劳动工作条件等。

10.保管员工档案

人力资源管理部门有责任保管员工入厂时的简历以及入厂后关于工作主动性、工作表现、工作成绩、工资报酬、职务升降、奖惩、接受培训和教育等方面的书面记录材料。

 问题7：什么是人力资源管理系统？

人力资源管理系统，包括人力资源日常事务、薪酬、招聘、培训、考核以及人力资源的管理，也指组织或社会团体运用系统学理论方法，对企业的人力资源管理方方面面进行分析、规划、实施、调整，提高企业人力资源管理水平，使人力资源更有效地服务于组织或团体的目标。

1.人力资源管理系统的目标

（1）谋求人与事的最佳组合。
（2）把合适的人放到合适的岗位、从事合适的工作。
（3）建立一支专业化的员工队伍。
（4）形成最佳的员工组合。
（5）激励员工，发挥最佳的群体效应。

2.人力资源管理涉及的部门

（1）责任部门：人力资源部。
（2）相关部门：企业其他各部门。

3.人力资源管理系统的组织

（1）高级管理层是企业人力资源管理工作的最高决策和权威机构。
（2）人力资源部是企业人力资源管理系统运行和监督的实施部门。
（3）各部门应依据人力资源管理系统的运行程序和标准，严格贯彻及执行。
（4）各部门有责任和义务对人力资源管理系统的执行情况，按程序规定予以反馈。

4.人力资源管理系统的操作流程

人力资源管理系统的操作流程如图1-8所示。

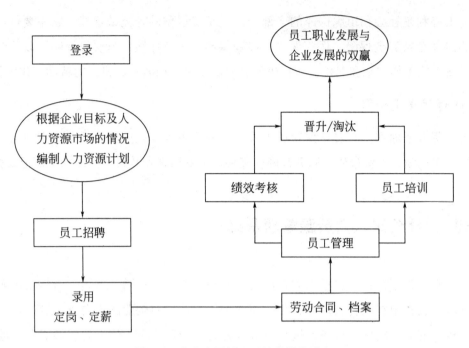

图1-8 人力资源管理系统的操作流程

第三周　熟悉自己的部门

人力资源部是对企业中各类人员形成的资源（即把人作为资源）进行管理的部门。人力资源部所有工作的目的，不仅要为企业提供源源不断的人力来源，同时也要为企业员工提供一个健康、安全的环境。

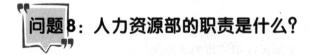

问题8：人力资源部的职责是什么？

通常而言，企业的人力资源部主要负责企业人员招聘、选拔、配置、培训、开发、激励等工作，同时考核企业所需的各类人才，制定并实施各项薪酬福利政策及员工职业生涯计划，调动员工的积极性，激发员工的潜能，满足企业持续发展对人力资源的需求等方面的工作。

1.人力规划

根据企业发展战略，制定人力资源规划。

2.制度建设

（1）制定企业人力资源管理制度，划分企业总部与分支机构的人事管理权限，组织、协调、监督企业人力资源管理制度和流程的落实及实施，并根据实际情况不断改进。

（2）根据各部门、各分支机构的年度人员编制计划，编制企业年度人员供需预测计划。

（3）制定员工手册，建立员工管理规范制度。

（4）制定员工薪酬福利制度。

（5）制定员工绩效考核制度。

（6）制定企业员工培训开发制度。

（7）制定企业员工职业生涯规划制度。

（8）其他人力资源管理制度。

3.组织结构设计

（1）企业的建立、调研和人才储备工作。

（2）各分支机构的设置、合并、更名、撤销和管理工作。

（3）制定企业、部门和人员岗位职责。

（4）监督、检查和指导企业各部门的人力资源管理工作。

4.人事管理

（1）制订集团招聘工作计划。

（2）根据集团及子公司人力需求，组织实施内外招聘工作。

（3）负责员工招聘、录用、考核、调动、离职管理工作。

（4）负责企业后备管理人员的选拔、考察、建档及培养工作。

（5）负责企业管理人员及员工的人事档案、劳动合同管理。

（6）负责企业及分支机构高级管理人员的考察、聘任、考核、沟通及解聘管理工作。

（7）协助组织各专业序列技术职务的考试与选聘工作。

5.薪酬福利管理

（1）制定并监控企业人工成本的预算。

（2）核定、发放企业员工工资，核定各分支机构管理层人员的工资。

（3）薪酬福利调整和奖励。

（4）定期进行市场薪酬水平调研，提供决策参考依据。

6.绩效管理

（1）组织实施企业日常绩效管理工作。

（2）监督和指导绩效管理制度的执行。

（3）分析研究绩效改进的具体因素和措施。

7.培训与开发

（1）企业年度培训计划的制订与实施。

（2）监督、指导企业各部门及各分支机构的教育培训工作。

（3）管理员工因公出国培训、学历教育和继续教育工作。

（4）制定年度教育培训经费的预算并进行管理和使用。

（5）培训课程的开发和设置。

8.人力资源信息系统

（1）建立和完善人力资源报表系统，定期统计企业人力资源相关数据，反映人力资源状况。

（2）联系高校、咨询机构，收集、汇总并提供最新的人力资源管理信息。

（3）建设与维护人力资源管理信息系统。

（4）提供各类人力资源统计数据及分析表单。

问题9：人力资源部在企业中的地位如何？

人力资源部的地位取决于企业处于什么样的成长阶段。一般而言，人力资源是企业的战略伙伴。在企业的成长期，企业的获利如果是靠产品和研发并且利益较好的话，一般不会特别注重人力资源的地位。当企业渐渐成熟的时候，企业的获利率下降，要靠人力资源整合的时候，就会依赖于人力资源部，这个时候人力资源部往往就成为重要的战略伙伴。

在现代企业的职能部门体系中，人力资源部应该属于一个中心枢纽型部门，其工作性质不仅仅是一个人力资源服务部门、人力资源事务职能部门以及执行、监察、协调部门，同时也是围绕整个企业根本目标工作的核心决策部门。

1.人力资源服务部门

人力资源部的首要工作是为最高经营者和各职能部门提供及时周到的人力资源方面的服务。通过对员工的招聘、引进、培训、考核、福利等工作来满足其他各部门对于人员的需求，负责对人才的选、育、留、用并针对这四点开展工作，具体如图1-9所示。

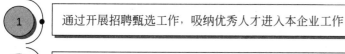

1 通过开展招聘甄选工作，吸纳优秀人才进入本企业工作

2 通过培训引导制订职业生涯发展计划并教育人才

3 提供健康安全的职位环境留住优秀人才

4 调动员工的积极性、主动性和创造性，使人的潜能发挥最大化

图1-9　人力资源服务部门的体现

2.人力资源事务职能部门

人力资源部是管理职能部门之一，与财务部、资产管理部、生产管理部、技术管理部、质量监督部、安全与环境管理部、销售管理部、办公行政部等是平行并列的部门。

在现代企业中人力资源部的管理目标，在很大程度上是要保证企业有合理的定岗、定员、定编；保障企业一线服务部门要有足够的服务员，因此，必须做好以下相关工作。

（1）拟定企业的人力资源政策，提交给企业最高经营委员会决策，包括员工手册、招聘简章、培训计划、绩效考核制度。

（2）员工招聘、培训。

（3）办理员工保险。

（4）人员奖惩、辞退、员工档案管理等。

（5）开展员工评估、评先、评优。

（6）与各部门员工签订劳动合同。

（7）与其他行政职能部门如劳动局、社区进行公共关系方面的工作。

3.执行、监察、协调部门

人力资源部根据既定的价值评定标准对企业中的大小规章制度与政策的执行情况、各部门以及员工的职位业绩等工作进行监督，确保各部门员工活动有利于企业经营总目标的实现。

（1）通过扮演仲裁者和协调者的角色来处理企业内的各种冲突及纠纷，化解矛盾，最终达成一致的解决方案，创造和谐融洽的组织气氛。

（2）凭借各种专业知识和技能为企业内部各层级以及各部门的管理者提供决策咨询，为员工解释企业的人力资源政策，为求职者提供咨询。

（3）在企业内，任何人事的任免，员工之间的纠纷，新进员工的资料和员工的离职，都必须通过人力资源部。

（4）在完善的人力资源管理系统内，详细地记录了员工的生日、学历、身高、有无违法乱纪事情等。

特别提示

人力资源部处理事务是从微观中见宏观，小到员工的纠纷，大到整体的人力资源规划，人力资源部如一个"万花筒"部门，全面执行、监察、协调，以确保企业整体目标的实现。

4.企业发展战略的核心部门

在当前的管理战略中，许多大企业的人力资源部门已经从传统的简单的人力资源服务部门提升到直属于总经理的人力资源部，人力资源与企业发展战略紧紧结合在一起，企业要从战略的高度对待人力资源开发和利用情况。

对于企业来说，人力资源部围绕企业的整体目标，通过对企业现有人力资源的了解以及未来人力资源的需求进行预测，制定人力资源战略开发、管理的总规划。根据企业发展战略进行组织结构调整，积极推进职位分工，提供健康、安全的就职体系和科学合理的薪金体系，并根据市场的需求变化不断进行人力资源调整、补充和引进，合理配置人力资源，走人才职业化、信息化的发展道路，以确保企业品牌竞争整体目标的实现。

问题10：做好人力资源工作的关键是什么？

1.由人事管理转向人力资源管理

在现代企业中，人力资源管理不只是人力资源管理部门或人力资源管理专业人员的职责，而是全体管理者的职责。每一位管理者都必须有意识地去观察、记录、指导、支持以及合理评价下属人员的绩效改善和职业成长。在一个成熟的现代企业中，下属人员的能力是否提高、绩效好坏以及工作满意度的高低是决定一位管理者的人事升迁以及其他各种待遇的一个重要因素。

转型的最终结果是要形成完善的人力资源体系，其步骤如下。

（1）建立有效的培训体系。通过培训提高广大主管和员工的基本技能以及自身综合素质，逐渐转变观念，接受公司新的理念、文化和价值观等。培训贯穿于转型工作的全过程。

（2）建立各项管理制度和工作流程，包括职位分析和职位说明书、招聘和面试流程、薪资福利制度、绩效考核制度、晋级晋升制度、人力资源管理信息化等。

（3）最终形成完整的人力资源管理体系，包括如图1-10所示的内容。

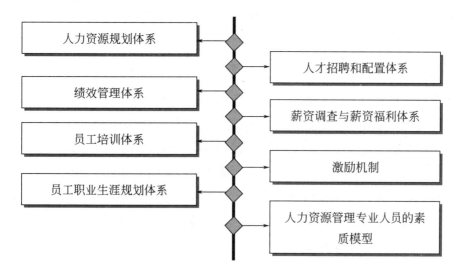

图1-10　完整的人力资源管理体系

2.必须关注利润、成本和时间

人力资源经理必须关注三个衡量标准：利润、成本、时间。人力资源经理必须把自己看作是经营者，所以在规划或实施人力资源管理项目时必须关注项目的人力资本、企业经济指标，以成本、利润为中心，视人力资源工作为企业创造利润，必须能为企业降低成本或控制成本，必须注意时间，讲求时效。

3.任何事都应当有计划地执行

人力资源管理同其他企业的经营行为一样，需要人力资源经理投入的最重要的一件事就是计划。制订计划切忌闭门造车，要制定详细而系统的人力资源项目必须请有关成员参与讨论。当实际情况发生变化时，人力资源经理应能制订一个新的计划反映来自企业内部或外部的环境变化。

4.时刻提醒人力资源中存在的问题

由于企业的人力资源是有限的，而且是可以流动的，企业的经营目标能否实现，受企业人力资源的状况影响很大，所以人力资源经理必须时时向总经理和直属领导提醒企业人力资源中存在的问题和有可能导致的严重后果，并向他们提出职业建议和解决方案。

5.采用渐进方式实现目标

一个企业的人力资源经理可能会发现企业的人力资源管理状况一塌糊涂，没有一点章法，企业中可能出现论资排辈、沾亲带故、没有计划、人员离职率高居不下等情况，所以管理起来实在无法着手。遇到这些情况，你不要试图立刻做全部的革新，而是设定一些小的目标，然后一个目标一个目标地去实现，并且每实现一个目标就要进行一次评估，确保所有参与人力资源管理的人都能从逐步改进中得到益处。

6.得到决策层和管理层的支持

不涉及利益和权力调整的人力资源方案是没有价值的人力资源方案，除了浪费公司人力和财力之外，没什么用处。但是，涉及利益和权力调整的工作，如果不能得到公司的决策层和管理层的支持，那就是人力资源经理在自讨没趣了。

所以，人力资源经理必须注意进行人力资源项目的需求分析，并根据需要来制定人力资源目标。在设定人力资源目标和进行人力资源需求分析的过程中，一定要与其他部门和企业的经营者及决策层进行良好与充分的沟通，以获得他们的支持，得到了他们的支持，执行起来就会顺畅得多。

7.把员工当客户对待

人力资源经理应该有市场的观念，你的经营业务是你的客户给的。公司的所有员工就是你的客户，包括你的上司。所以你的工作的终极目标是使你的客户满意。不同的客户需求是不同的，客户有好客户也有坏客户。所以除了全力创造客户满意之外，进行必要的客户管理也非常重要。你必须对客户进行分类，你必须对客户进行培训，所有销售和市场人员对他们的客户所做的一切，你都应该做到。

8.应熟悉公司的经营方式和流程

人力资源经理并不是企业中的技术专家，也可能不是销售能手，规划市场你可能不擅长，但一个合格的人力资源经理必须熟悉企业经营运作的每一个环节，可能的话要成为企业业务的专家，也就是能够深刻理解企业业务的运行方式和流程，知道哪些地方是企业业务的关键点，知道哪些地方可能存在问题，最重要的是你要知道人力资源和这些地方的关系是怎样的。

第四周　建设自己的团队

任何一个部门的事务都需要一个团队才能完成，作为人力资源经理，必须组建自己的团队，依靠团队的力量来完成工作。

问题11：如何设置本部门架构？

不同的企业，由于人力资源部承担的职责不同，所以其设置模式也不相同。通常而言，人力资源部的设置模式主要有以下几种。

1.小型企业人力资源部设置模式

小型企业人力资源部组织结构如图1-11所示。

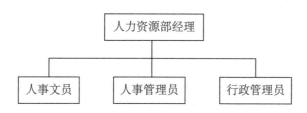

图1-11　小型企业人力资源部组织结构

2.中型企业人力资源部设置模式

由于企业规模的扩大，管理范围也随之扩大，因此企业将绩效引入了管理。员工人数的增多，如何培训员工与如何维系企业与员工的关系，则成了人力资源部的一个重要管理项目。中型企业人力资源部组织结构如图1-12所示。

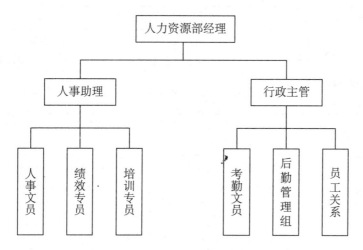

图1-12　中型企业人力资源部组织结构

3.大型集团企业人力资源部设置模式

大型集团企业人力资源部组织结构如图1-13所示。

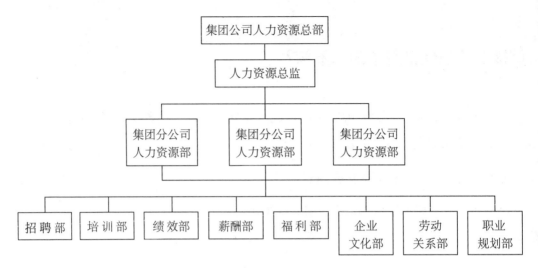

图1-13　大型集团企业人力资源部组织结构

问题12：如何对部门岗位进行分工？

现在大多数的企业，人力资源部门内部的岗位和职责是按专业职能划分的，比如常说的六大模块，即招聘、培训、薪资福利、绩效、员工关系作为不同的职能板块。根据这个思想，通常会将人力资源部门应该履行的主要职责划分为如表1-1所示。

表1-1　人力资源部门应履行的主要职责

序号	主要职责	具体说明
1	人力资源规划	配合公司战略，制定公司人力资源规划和方针政策，提出公司3～5年的人力资源战略；建立和执行公司的人力资源管理政策及制度
2	组织结构设计和岗位设置	根据公司发展状况，对公司组织结构进行设计和调整
3	人员调配	根据组织结构及人员变动情况，调配人员；优化公司的人力资源配置，提高公司人力资源的有效性
4	人员招聘	根据各部门用人需求，负责公司的人员招募，组织人员的甄选和录用
5	培训开发	制订员工培训计划，组织员工培训，组织培训效果评估
6	绩效管理	制定、监控和管理公司的绩效管理体系
7	薪酬管理	建立、实施和管理公司薪酬与福利体系
8	员工关系管理	建立公司和员工的沟通了解渠道及方法；管理员工的劳动合同
9	企业文化建设	组织对公司文化的提炼、传播，提高公司凝聚力
10	人力资源数据库建设与管理	建立相关行业专家数据库，为解决公司的人力资源问题提供信息

表1-1所示的这种划分是基于六大模块的知识体系来进行的。缺点是人为地将人力资源工作的整体性，切割为彼此孤立的几个模块，容易造成工作协同性差，甚至形成角色缺位。但这种方式，依旧是目前最常用、职责边界最容易划分清楚的岗位设置方式。

问题13：如何搭建人力资源三支柱模式？

人力资源的三个支柱模式，分别是人力资源专家中心（HRCOE）、人力资源业务合作伙伴（HRBP）和人力资源共享服务中心（HRSSC）。这三个支柱像一个循环闭合的三角形，每个支柱各自独立工作但又互相配合，共同形成一个完整的工作闭环，一起服务于企业内部的人力资源管理工作，如图1-14所示。

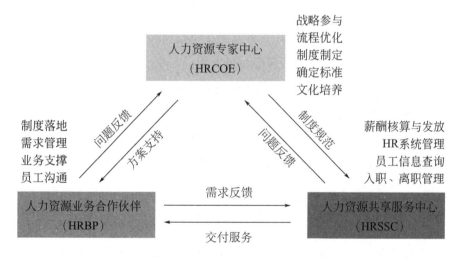

图1-14　人力资源管理（HR）三支柱模型

1.第一步——搭建人力资源专家中心（HRCOE）

搭建HR三支柱体系首先应该从COE这个支柱来入手。COE是HR三支柱体系里的"指挥官"，在人力资源战略转型中，它扮演着重要角色，那么想要搭建一个合格的专家中心团队，有以下三点是需要注意的。

（1）COE能力的提升。如果企业想要快速提升COE团队的整体素质，可以三管齐下，如图1-15所示。

（2）COE沟通能力的加强。COE需要加强HR三支柱内部的沟通与交流，使沟通变成常规习惯，并将关键沟通节点流程化，形成闭环。

比如，COE制定的人力资源政策对公司的影响广泛，如果COE和HRBP沟通不畅，将无法确保人力资源政策正确地释放到业务部门，也就无法支持业务的发展。所以三支柱之间只有加强深入沟通，才能在工作中紧密的配合。

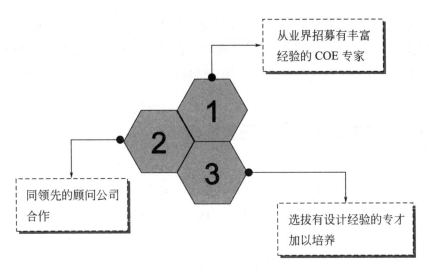

从业界招募有丰富经验的 COE 专家

同领先的顾问公司合作

选拔有设计经验的专才加以培养

图 1-15　提升 COE 能力的措施

（3）COE 资源的共享。COE 专家资源需要在全公司内部共享，建立透明、高效的汇报机制，这样才能使得企业的人力资源使用最大化。

比如，在腾讯公司，COE 是最先成立的 HR 三支柱之一，经过数年的探索和变革，腾讯公司的 COE 组织架构由不同的职能构成，包括腾讯学院、薪酬福利部、企业文化与员工关系部等，而每个部门又下设很多分支子部门，看似分散的架构，实则内部核心都是聚集在 COE 专家资源的共同管理之下，通过聚焦精兵强将把组织的活力发挥到最大值。

2.第二步——搭建人力资源业务合作伙伴（HRBP）

在搭建之前，先要理解人力资源业务伙伴（HRBP）比传统的 HR 到底有哪些优势？简单来说，两者之间最直观的区别是传统的 HR 是独立部门，根据不同的模块独立分工，单打独斗，各自处理任务型的工作，比如负责招聘的同事可能只做招聘，负责培训的就只做培训，他们习惯了自己的工作内容，很难去突破岗位和职责边界。而 HRBP 是放置在各个业务部门当中的人力资源专家，他们不仅懂人力资源，也懂业务，是业务部门的得力助手，帮助业务团队发现问题并解决问题。因此，HRBP 除了与业务部门紧密配合之外，还需要洞察行业、产品和客户的趋势及变化，不断调整人力资源相关政策，动态满足业务部门的需求。

而对于 HRBP 支柱的搭建，要掌握如图 1-16 所示的几点。

（1）业务导向。

HRBP 必须从职能导向转向业务导向，以业务为导向的 HR 首先要做的是分析、识别业务需求，根据业务部门的需求提出相应的人力资源解决方案。因为过去传统的 HR 都不是从业务需求出发，只是解决表面问题，未解决深层次问题，因此，HRBP 首先要颠覆思维，以业务为导向设定工作目标，帮助业务部门解决实际的问题，成为真正的业务伙伴。

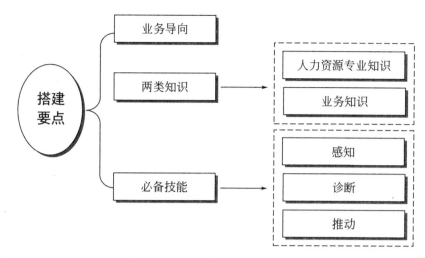

图 1-16　搭建 HRBP 支柱的要点

（2）两类知识。

第一类是人力资源专业知识，这是 HR 的立足之本，也是业务部门所欠缺的。过硬的专业素养是 HRBP 产生专业影响力、体现职位价值的基础。第二类是业务知识，HRBP 作为业务合作伙伴，那么最基础的就是要懂得本公司以及整个行业的业务运作模式，形成对业务的敏感度。不仅如此，HRBP 作为战略伙伴还要有前瞻性，要在认知和判断的基础上及时发现新的业务战略机遇，并通过人力资源方案提供战略支持。

（3）必备技能。

对于 HRBP 来说，解决问题的方法不需要太多，要想用最简单的方式解决所有问题，就必须具备如图 1-17 所示的三项技能。

 HRBP 处在业务团队中要善于感知组织冷暖、体察员工状态、了解业务需求。团队的氛围对于最终业务绩效的创造有很大的影响，因此，HRBP 首先要能够感受到整个团队的氛围，经常与员工交流，了解他们的工作状态、遇到的问题、需要的支持等，以提升员工满意度

 在业务环节中，由于业务人员大多关注短期目标的达成，不具备大局观，尤其是在业务变革过程中。作为业务部门的 HR 咨询师，HRBP 要凭借敏锐的业务洞察力、前瞻性的思维方式、长远的目光来诊断业务环节中的问题，并提出可解决的方案，为公司和部门建立可持续的竞争优势

 当今时代，企业外部环境每时每刻都在发生翻天覆地的变化，HRBP 应对变革的能力对一个企业的生存发展至关重要。当业务发生变化时，HRBP 要和公司管理层配合，以更好地推动组织变革的进程。当 HRBP 真正转变为企业战略和文化大使、业务部门的 HR 咨询师、员工管理的"政委"、变革管理者这四大角色的时候，HRBP 就真正落地并发挥出应有的价值了

图 1-17　HRBP 必备的技能

3. 第三步——搭建人力资源共享服务中心（HRSSC）

人力资源共享服务中心是HR三支柱里的"作战后台"。一个好的共享服务中心能为企业降低成本、提高服务质量，简化流程，以及为资源共享等各方面提供更大的竞争优势，但是HRSSC的搭建并非易事。

一个好的共享服务中心系统设计包含三个方面，分别是IT技术的提升、内容设计和交付模型，具体如图1-18所示。

① IT技术的提升

IT技术是支撑HRSSC平台运营、数据分析的重要工具。要知道HRSSC是为全公司的人员提供数据和信息咨询工作的，需要通过大量的网络或者内部的系统资源为员工来服务，而这必须用到远程信息技术，这些都依赖于组织的IT技术是否成熟和稳定

② 内容设计

内容设计是HRSSC的重点内容。人力资源工作中的事务性咨询服务主要由HRSSC来完成，比如大量的数据咨询服务（工资计算、福利管理、档案管理等），合理正确的内容设计才能使HRSSC发挥相对应的价值

③ 交付模型

HRSSC的交付模型决定了它能否有效运行。企业可以根据自身的实际情况来设计共享服务交付模型，这将决定未来HRSSC员工的工作方式和能力要求

图 1-18 HRSSC 共享服务中心应包含的内容

特别提示

HRSSC 支柱的搭建需要依靠大量数据信息，以流程化的工作量作为诉求，如果公司体量较小，相关工作较少，可能不适合花费大量精力和成本去搭建 HRSSC。

问题14：如何构建高效的人力资源团队？

人力资源管理是一项复杂的系统工程，涉及企业制度、组织结构、文化建设、工作设计、绩效考核、管理者角色转型等多个层面。因此，就需要建设一支高效的人力资源团队来完成这些工作。其切入点如图1-19所示。

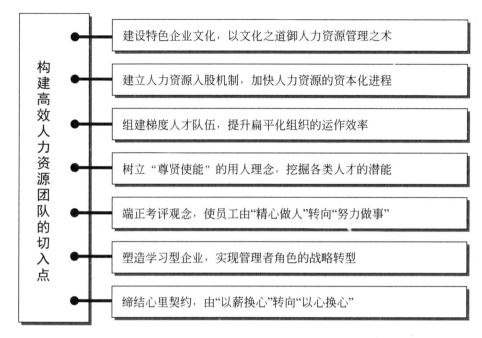

图 1-19　构建高效人力资源团队的切入点

1.建设特色企业文化，以文化之道御人力资源管理之术

西方先进的管理科学难以同中国优秀的传统文化融会贯通是当前我国企业人力资源战略管理面临的问题，正所谓"人无德不立，企无德不兴，国无德不强。"

对于企业来说，这里的"德"指的就是既汲取传统文化精髓又富有鲜明时代特征的企业文化。没有深厚的企业文化底蕴做支撑，没有一个宽松、开放、平等、积极向上的软环境，那么无论看起来多么绚丽的战略规划都不可能发挥凝聚人心、激发人才潜能的神奇功效，从而也绝不可能改变其"水中月、镜中花"的宿命。

所以，企业要实施"以德为本"，培育尊重人、关心人、凝聚人、造就人的特色企业文化，并将企业文化的精髓渗透在人力资源管理流程之中，发挥企业文化对人力资源战略的统领作用。

2.建立人力资源入股机制，加快人力资源的资本化进程

企业要想留住人才的心，激发其工作的积极性和创造性，就必须摈弃"以资产为本"的雇佣伦理，坚持"人以人智理政、物以物利补资"的原则，承认知识型员工的所有者地位，建立切实可行的人力资源入股机制，不断完善人力资源资本化的财务体系，加快人力资源参与剩余索取权的进程。若企业不能"以能为本，按知分配"，那么知识型员工必然会隐匿对工作绩效起决定作用的"劳动努力"，只付出"劳动时间"，从而成为装点企业门面而毫无实际价值的奢侈品。

3.组建梯度人才队伍，提升扁平化组织的运作效率

为缩减沟通时滞，全面提升组织对市场的应变能力，绝大部分企业都采用了扁平化的组织结构。从沟通效率的角度来看，扁平化的组织结构的确比金字塔形的组织结构高出许多，但这种通过把员工安置在同一个办公室的做法并不能打造超强竞争力的团队，人员也不能尽其才、才不能尽其用、人才流失等问题依然困扰着众多企业。探根寻源，其症结在于没有采用金字塔形的梯度人才队伍配置，致使扁平化组织结构的优越性不能得以充分显示。

一般来说，企业内的工作可分为三类：战略决策、组织协调、技能操作。要确保企业这个有机体的良性运作，必须使这三类工作及时、紧密地协调。扁平化的组织结构虽然为实现这三类工作的高效互动提供了一个平台，但沟通及时并不能解决这三类工作本身的效率问题。在人才队伍配置过程中，建议采用如图1-20所示的金字塔形的梯度人才队伍配置。

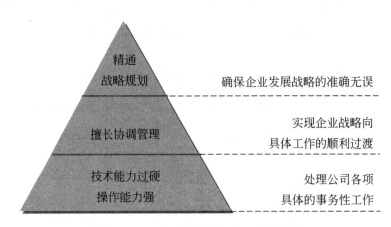

图1-20　金字塔形的梯度人才队伍配置

只有切实提高这三类工作本身的质量，才能保证三者之间的扁平化沟通是真正顺畅高效的。

4.树立"尊贤使能"的用人理念，挖掘各类人才的潜能

要激发员工的积极性和创造性，无限度地挖掘人才的潜能，就必须对人才进行合理的分类，而后根据人才的不同特征有针对性地采取适当的管理方式与激励手段。人才不仅有层次上的高低之分，而且有"务虚"与"务实"之分。

对于企业的发展与壮大来说，这两类人才都是不可或缺的。管理者若不能将这两类人才区别开来，并分别施以不同的管理策略，则他们各自的优势和潜能就不能得以充分展现，长此以往，必定会导致优秀人才的流失。所以，要实现人尽其才、才尽其用，不仅要组建梯度人才队伍，而且必须树立"尊贤使能"的用人理念。具体如图1-21所示。

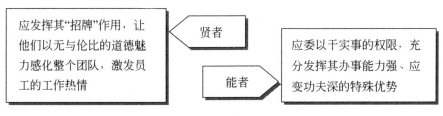

图1-21　"尊贤使能"的用人理念

5.端正考评观念，使员工由"精心做人"转向"努力做事"

在人力资源管理中，绩效考评的地位无疑是举足轻重的，甚至可以说，绩效考评的质量制约着人力资源管理的水平。但在实践中，决定考评分数的主要因素是人际关系的好坏而不是工作绩效的高低。毫无疑问，当考评分数而非实际工作成绩决定工资多少时，员工必然会将大把的精力由提高工作绩效转移到千方百计地获取评价分数上来。这样，员工为了在考评中多获得"分数"，纷纷由"努力做事"转向"精心做人"，企业出现上下一团和气、整体绩效下滑的怪现象。而要扭转这样局面，直接复制或使用其他企业的考评方法是远远不够的，必须端正考评观念，建立以提高员工个人工作绩效、疏通员工职业生涯发展道路为导向的考评体系，唯有如此才能促使员工从"精心做人"转向"努力做事"，最终使企业的整体绩效得以不断提升。

6.塑造学习型企业，实现管理者角色的战略转型

在科技日新月异的今天，企业持久的竞争优势是有能力比竞争对手学得更快。所以，如何培育学习型员工和塑造学习型企业应当成为人力资源战略管理的一个重要方面。作为企业制度创新主要推动者和组织者的人力资源经理，应当以身作则，努力实现角色的战略转型，由行政权力型转向服务支持型，争做学习型领导，以实际行动为员工做出表率，重塑企业的学习文化，培养组织的学习习惯，营造全员学习的氛围。

进一步来说，人力资源管理者要想胜任自己的工作，带领知识型员工攻克企业发展面临的各类难题，必须将有限度地开发人力资源的价值作为其工作的核心，并紧紧围绕这个中心，积极扮演好企业发展战略的设计师、企业变革与创新的推动者、知识型人才的激励"开发商"、员工职业生涯的指导师和利益代言人等多重角色。

另外，人力资源管理者还应积极倡导与其他组织组建知识联盟，实现组织之间的学习和知识共享，使企业不至于因闭关自守而落后于时代，同时这也是满足知识型员工提高终身就业能力需求、维持员工忠诚度、预防人才流失的一种有效途径。

7.缔结心里契约，由"以薪换心"转向"以心换心"

高额薪金作为对知识型员工付出的高质量劳动的一种回报方式是合情合理的，但如果企业据此就认定员工的忠诚度与企业所支付的工资水平成正比的话，那就大错特错了。

低工资会引起员工的不满，但高额薪金对激发员工的创造激情来说也没有多大的正面激励作用，幻想"以薪换心"更是幼稚可笑。

企业要想留住人才之心，必须要在知识型员工的职业生涯规划上下苦功，以实现企业盈利与人才发展的"双赢"为目的，设身处地地为人才的个人发展着想，不遗余力地为人才的自我实现搭建更加宽阔的舞台。具体来说，就是要与员工缔结心里契约，加强与员工的双向沟通，废弃"暴力权威型"的管理方式，坚持"以情促管"，尽力克服企业制度管人"手脚"不管人"心"的缺陷，帮助知识型员工疏通人际关系，开辟宣泄个人情感的通道，以宽广而温暖的胸怀包容知识型员工的失败和不足，唯此方能真正实现"以心换心"。

问题15：如何建立人力资源管理体系？

企业里的人力资源管理就像财务、质量、生产等管理一样，必须形成一个体系，才能确保其功能有效完整地发挥。因此，正确的人力资源管理，必须是在人力资源管理体系框架内的分块管理，建立人力资源管理体系，是有效开展人力资源管理工作的前提。

建立完整的人力资源管理体系，要遵守前后关系原则，大体上可以分为如图1-22所示的几个步骤。

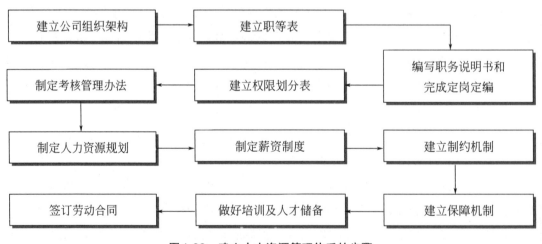

图1-22　建立人力资源管理体系的步骤

1.建立公司组织架构

要充分了解公司3～5年的中短期规划，特别是公司的发展目标及实现此目标所采取的战略手段，只有公司的目标与战略明确了，才能设计足以实现公司目标并与之相配套的组织架构。建立公司组织架构是开展人力资源管理工作的根本基础。

2.建立职等表

组织架构建立好之后,公司的管理模式就确定了,包括岗位设置、部门划分、工作接口、管理路线、组织阶层及上下级关系等就界定清楚了。为了确保组织架构中所设定的各岗位任务能得以实现,有必要进一步对管理组织中所有岗位的级别、责任、权利做出明确规定。因此,以公司组织架构为基础,就可以建立职等表,而有了职等表,又为制定资薪制度建立了基础。

3.编写职务说明书和完成定岗定编

根据组织架构图及职等表,以及各岗位在管理组织中所处的位置、所赋予的任务、所必须实现的功能、所应承担的责任、所必需的任职资格等,就可以对各岗位的工作进行定位,编写成职务说明书。

再对职务说明书中所描述的内容,首先评估有无疏漏、是否完整、纵向横向是否保持良好衔接、授予的责任是否与所处的岗位相对应等,以确定是否有必要对职务说明书的内容进行适当调整;再进行岗位分析,评估其工作量大小,以确定此岗位所需的人数,分析整个管理组织架构所需的人数,就完成定岗定编。

4.建立权限划分表(工作流程)

根据岗位职务说明书,就明白了各岗位的工作事务,为了顺利完成各项事务,则必须规定各种事务的经办人、审核人、复核人及批准人等。当然,不是所有事务都需要通过四个环节来完成,有些只要三个或两个环节即可,这样就形成了权限划分表。有了权限划分表,完成各种事务的工作流程也就建立了,同时,各岗位之间的工作接口也明确了,各岗位都按权限划分表的规定去做工作,公司的流程规范化就实现了。

5.制定考核管理办法

根据职务说明书及权限表对各岗位职、责、权的规定,结合参照公司各阶段的目标及分解到各岗位的任务,并考量岗位工作的主次及轻重等权重划分,就能制定出各岗位的考核管理办法。有了考核管理办法并予以实施,员工工作实绩的好坏就一目了然,公司根据考核结果对各岗位员工实行奖优罚劣,公司的激励体系就建立了。

6.制定人力资源规划

根据岗位职务说明书中对任职资格的要求和公司定岗定编的要求,将公司现有的人员与所设置的岗位一一对号入座,就很容易发现哪些岗位人员有富余,哪些岗位人员需要调整,哪些岗位的人员必须淘汰,哪些岗位人员需要补充,有哪些新岗位在什么时候设立,在未来需要储备、调整及淘汰哪些人等,就一清二楚了。由此,公司的人力资源规划就清晰了。

7.制定薪资制度

通过了解本地区同行业的基本工资水平，了解公司创利能力及分配原则，评估公司利润增长率，根据劳动法要求和公司的定编要求，就可以编制公司薪资总预算及年度增长方案，再参照各岗位职责、工作性质、强度、难度、环境、重要性等因素，就可以划定各岗位的工资水平及增长比例，然后将各岗位的总薪资分解为底薪、津贴及绩效奖等项目，以保证工资具有公平合理性、上下浮动弹性及增长幅度空间，公司的薪资制度就建立了。

8.建立制约机制

在建立薪资制度的同时，制定试用转正管理办法，新进人员和晋升人员的考核机制就形成了；制定异动管理办法，范围含降级、平调、升级及调薪等内容，内部人才流动的渠道就畅通了；制定离职管理办法和合同管理办法等，薪资制度的执行可靠性就建立了。有了这些，对人才的制约机制就形成了。

9.建立保障机制

根据公司的用人宗旨，作为薪资制度的延伸，对员工的就业、健康、充电、安居、子女上学等公司政策予以明确，制定出福利管理办法，从情感方面来吸引人才和留住人才，让员工能够安居乐业，对员工的保障机制就形成了。

10.做好培训及人才储备

为了确保员工能与企业同步发展，同时也为了员工能适应企业更高岗位的要求，员工自身水平必须不断提升。因此，必须对员工的教育投资做出年度预算，再根据预算和员工的成长需求，按不同职等、不同部门、不同时间等因素制订出培训计划。有针对性地给予员工进行现岗位和更高岗位的知识及技能教育，实施培训后，将员工的受训结果与薪资、晋升等机会挂钩，人才培养储备的目的就可以达到了。

11.签订劳动合同

与所有的员工签订劳动合同，企业和员工双方都有了保障，由此来构筑制约体系和诚信体系，既确保了企业在每个时期的用人可以预测和提前准备，又让员工能够对自己的职业生涯分步骤分阶段进行规划，以达到企业和员工双赢的结果。

第二个月

自我提升

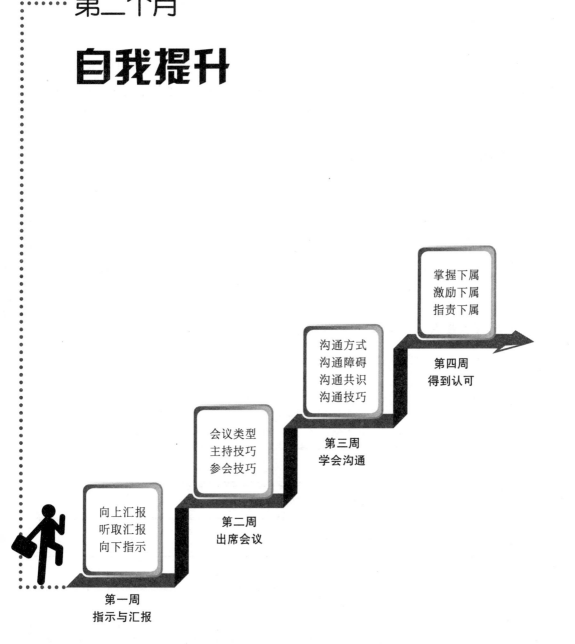

掌握下属
激励下属
指责下属

第四周
得到认可

沟通方式
沟通障碍
沟通共识
沟通技巧

第三周
学会沟通

会议类型
主持技巧
参会技巧

第二周
出席会议

向上汇报
听取汇报
向下指示

第一周
指示与汇报

第一周 下达指示与汇报工作

人力资源经理是中层管理者，负有信息上传下达的职责。从上级那里接受命令，然后准确地传达给下属去执行；要接受下属的工作汇报，同时，自己也要向上级汇报工作。

问题16：如何向上级汇报工作？

汇报工作，指的是下属向上司以口头或书面形式陈述工作情况，是上下属之间进行沟通的一种重要途径，同时也为上司提供了一个考察下属的机会。作为中间层的人力资源经理，免不了要向上司汇报工作，同时也要听取下属的汇报，所以，需掌握好这方面的技巧。

1.汇报的要点

汇报的要点如图2-1所示。

① 精简

不要带着邀功的心态，极力强调你工作的难处。此外，汇报要简明扼要

② 有针对性

汇报的内容要与原定目标和计划相对应，切忌漫无边际

③ 从上司的角度来看问题

使汇报的内容更贴近上司的期望

④ 尊重上司的评价，不要争论

通常情况下，争论需分为三个步骤。首先要明确问题的焦点，然后提出持不同观点的理由，最后寻找问题解决的途径。而在汇报时，若没有时间把争论进行到第三阶段，上司也就无法赞同你的观点

5 补充事实

在汇报完后，一般上司会给予评价，从中可以知道上司对哪些地方不很清楚，你可以补充介绍，或提供补充材料，加深上司对你所汇报工作的全面了解

图2-1　汇报的要点

2.注意事项

向上级汇报工作时应注意如图2-2所示的要点。

1 遵守时间，不可失约

应树立极强的恪守时间的观念，不要过早抵达，使上级准备未毕而难堪，也不要迟到，让上级等候过久

2 汇报内容要真实

汇报内容要实事求是，汇报时要吐字清晰，语调、声音大小恰当

3 注意礼仪

汇报时，要注意仪表、姿态，站有站相，坐有坐相，文雅大方，彬彬有礼

4 汇报结束不可不耐烦

汇报结束后，上级如果谈兴犹在，不可有不耐烦的体态语言产生，应等到由上级表示结束时才可以告辞

5 告辞时要整理

告辞时，要整理好自己的材料、衣着与茶具、座椅，当领导送别时要主动说"谢谢"或"请留步"

图2-2　向上级汇报工作时的注意事项

问题17：如何听取下属的汇报？

人力资源经理在听取下属的工作汇报时要注意如图2-3所示的几点。

1　应守时

如果已约定时间，应准时等候，如有可能可稍提前一点时间，并做好记录要点的准备以及其他准备

2　要平等

应及时招呼汇报者进门入座。不可居高临下，盛气凌人，大摆官架子

3　要善于倾听

当下属汇报时，可与之进行目光交流，配之以点头等表示自己认真倾听的肢体语言

4　要善于提问

对汇报中不甚清楚的问题可及时提出来，要求汇报者重复一遍、仔细解释，也可以适当提问，但要注意所提的问题不至于打消对方汇报的兴致。不要随意批评、拍板，要先思而后言

5　不可有不礼貌的行为

听取汇报时不要有频繁看表或打哈欠，或做其他事情等不礼貌的行为。要求下属结束汇报时可以通过合适的肢体语言或委婉的语气告诉对方，不能粗暴打断

6　要礼貌相送

当下属告辞时，应站起来相送。如果联系不多的下属来汇报时，还应送至门口，并亲切道别

图2-3　听取员工汇报工作时的注意事项

问题18：如何向下属下达指示？

作为人力资源经理，经常要对下属下达指示，可能你对下达指示不以为然，认为很简单。你是否曾这样下过指示？

"你应该分析一下员工流失率！"

"你拿一个考核员工日常行为的方案给我！"

"生产部指标的制定不科学，你要改善！"

如果你经常这样下达指示的话，那现在请你以执行者的心态去想想：收到这样的指示，你真的会按照指示去执行吗？执行真的能达到要求吗？肯定不会，为什么呢？因为下属还没有"听懂"指示的真正含义。

员工流失率的分析，要一个什么样的结果，没有说明。

员工日常行为考核方案主要的考核目的是什么，哪几类的日常行为需要纳入考核，也没有说明。

生产部指标怎么样不科学，给考核带来了哪些障碍没有交代清楚，需要一个什么考核指标也没有指示，这些都会影响执行。

这些都没有交代清楚，让下属怎么去做？

1.指示的具体内容——5W2H

没有具体内容的指示，往往使下属无所适从，要么不去做，要么靠自己发挥想象来做，必然导致结果出现偏差。那么，怎样下指示才有效呢？

完整地发出指示要有"5W2H"共七个方面的具体内容（图2-4），这样下属才能明确地知道自己的工作目标是什么。

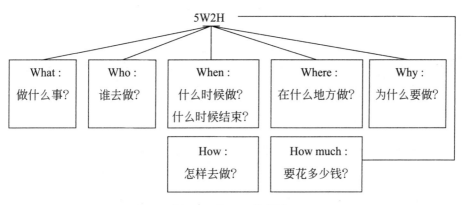

图2-4　"5W2H"要点

只有"5W2H"明确了，执行人员才会按照指示要求将事做好。

2.注意事项

在下达指示时，还要注意如图2-5所示的几个问题。

方式选择要得当 ☞ 下达指示时可用口头谈话、电话、书面通知、托人传递等，但能当面谈话的就不要打电话，能打电话的就不要书面通知（规定文书除外），能书面通知的就不要托人传递

图2-5

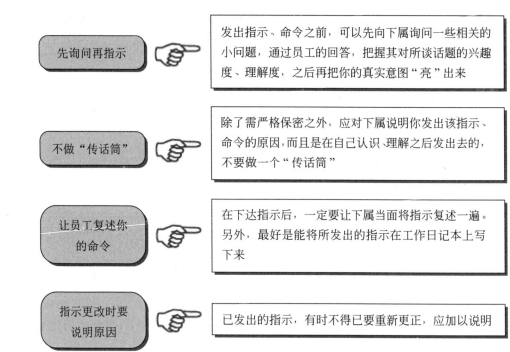

图2-5　下达指示的注意事项

特别提示

　　尽量当面下达指示，必要的时候要示范演练，同时在下达完后一定要让下属当你的面将指示复述一遍。另外，最好是你和你的下属都能将你所发出的指示在工作日记本上写下来。便于下属的记忆和传达，也便于你自己的检查与监督。

　　下面是同一条指示不同表达的举例，你认为哪一个最好呢？

　　1.小马，你把前天各部门报来的、需要送外面培训机构培训的弄个表给我。

　　2.小马，你前天不是已经收回各部门的培训计划了吗？你把情况用表格的形式汇总给我吧。

　　3.小马，下午你把前天收回的各部门培训计划整理一下，对于只是公司内训的，按以前常规做法，做个汇总表。我大致看了一下，好像这次需要外送培训的很多，你把他们按部门也做一个表，列出培训的具体时间和人员，重点要核算一下所需要的培训费用，然后你给和我们有关系的培训机构打电话联系，询问一下培训费的价格情况，包括教材费、杂费、住宿费、餐饮费、往来车费等，多比较几家，列一个详细的比较表给我，我后天去集团开会要用。

▼

第二周　主持会议与参加会议

会议是现代管理的一种重要手段，作为管理者的人力资源经理，不免要召开会议和参加各种各样的会议。

问题19：会议有哪些类型？

企业内的会议往往有很多，有常规的，也有非常规的。

1.常规会议

指有较为固定时间或内容的会议。

如每年初的人力资源战略规划会议、每季度的绩效考核评估会议、每周一次的人事变更讨论会等。

2.非常规会议

指由于生产、品质、安全、管理等方面突发异常，需要通告或协调或决定而召开的会议。非常规会议一般带有较强的时间紧急性。

如公司高层发生变化要做出人事变更调整时，需要召开紧急会议；员工因矛盾产生严重后果时，也需要召开会议做出处理等。

问题20：主持会议有什么技巧？

主持会议的能力，是考验一个人是否适合担任领导的最简单方式。要如何提高开会的效率，让每个人都能各抒己见、各得其所？如图2-6所示的几点很重要。

1.把握时间

为了尊重每个人的时间，开会最忌讳的就是拖延时间，尤其是一些经常性的会议。所以要让会议顺畅地进行，人力资源经理需要对每个议题的讨论时间做出限制。如果某个议题讨论太久，还没有结果，就把这个议题记下来，下次开会时再讨论。

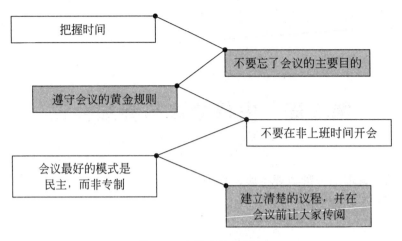

图2-6　主持会议的要点

2.不要忘了会议的主要目的

开会通常为了三个目的：沟通、管理和决策。不管哪一个目的，最重要的是以行动为焦点。例如讨论要采取什么行动，上次行动的结果如何，或是在不同的行动方案中选择一个。避免没有讨论行动的会议，因为那很可能只会浪费时间。

3.遵守会议的黄金规则

公开称赞，私下批评。避免公开批评别人的意见，因为这对士气有很大的伤害。

4.不要在非上班时间开会

尽量在日常上班时间开会，除非是很紧急的事情。喜欢在傍晚或者周末开会的人，缺乏工作与生活的平衡，自然也无法在正常时间做好分内的工作。

5.会议最好的模式是民主，而非专制

不要试图影响与会者，做出与你想要的结论，更不要只凭你的职衔或权力来领导他人。好的领导应该使用说服，而不是强迫的方式。另外，还要了解会议的意义，如果你想要宣告自己的一项政策，只要将它发布在相关媒体上即可，不需要召集大家，控制整个议程，却又不给大家讨论的空间。

6.建立清楚的议程，并在会议前让大家传阅

在开会前必须清楚这次会议的目的、内容和讨论方式，整理成清楚的议程，并在会议前让大家传阅，这样才能让与会人员有充分的时间准备相关的资料。

问题21：参加会议有什么技巧？

以上讲的是作为主持人的技巧，然而，作为人力资源经理，你不只是主持会议，还经常会参加一些会议，那么，参加会议应注意哪些细节呢？如图2-7所示的细节对你的职场生涯一定大有帮助。

图2-7　参加会议的技巧

1.有准备地赴会

为了使你在每一场会议中都取得最好的效果，在走进会议室之前，你对以下几个问题，必须拥有周全的答案。

（1）谁召开这次会议。为了研讨会议的重要性，首先要问会议的召开人是谁。显而易见地，董事长所召开的会议，要比总经理所召开的会议更加重要。

（2）为何召开这次会议。你若不弄清楚会议的真正目的而贸然走进会议室，你将很容易受创。因此，在与会前你应先清楚以下几点。

——这次会议是否为了那些悬而未决的老问题而召开？

——这次会议是否为了摆脱棘手的问题而召开？

——这次会议是否是因为某些人想迫使上司下决心做决策而召开？

2.做好会前疏通

如果你有新的提议，而且你的提议可能会影响到另一个部门或另一些人的安全感，那么你应在会议之前，先与这些可能反对你意见的人进行疏通，以便安排一些足以维护

他们的颜面的措施，甚至取得他们某种程度的谅解或支持。必要的时候，你也可以让他们用他们的名义提出你的观点。尽管这样做，等于拱手将自己的观点送给别人，但是假如你志在令你的观点被采纳，这样做又何妨？

特别提示

　　无论你是否在会议前进行疏通，在会议中，一旦你要提出新观点，则千万不要在言辞上威胁到利害攸关的人士。

3.谋求沟通方法

会议场合中的沟通媒体除了有声的语言之外，还有无声的语言，诸如仪容、姿态、手势、眼神、面部表情等。这些无声的语言也扮演着相当重要的角色。现将值得特别留意的地方简述如下。

（1）仪容要整洁。蓬头垢面者通常得不到与会者的好感。

（2）准时或提早抵达会场。

（3）避免穿着奇装异服。为稳妥起见，你的穿戴应尽量趋于平常。

（4）留意坐姿。最理想的坐姿是脊椎骨挺直但却不僵硬，因为只有这样，你才能在松弛的状态下维持警觉性。

（5）目不斜视。与人对话时最忌讳的是两眼闪烁，或是斜眼看人，因为这样会让人对你的动机或品格产生不良的评价。同样忌讳的是，以求情的眼光看人，因为这样做足以削弱你说话的分量。

（6）借手势或物品强调自身的观点。以手势配合说话的内容，可以令听众印象深刻。手势的幅度视你所想强调的内容而定。谈细节的时候，手势要小；谈大事时，手势要加大。运用手势时，必须考虑周围实体环境的情况。外界的空间越大时，手势可越夸张；外界的空间越小时，手势应越收敛。为强调你的意见而以物品作为道具是一种良好的举措。

4.重视活用数据

生活在数字的世界里，每天所见、所闻与所思的一切，几乎没有不涉及数字的。然而，在会议中运用数字时，一定要注意下面两个要领。

（1）除非必要，否则不要随便提出数字。

（2）要设法为枯燥的数字注入生命。这即是说，要让数字所代表的事实，能成为与会者生活经验中的一部分。

5.树立良好形象

时刻留意自己在他人心目中的形象，因为好的形象在会议中可产生莫大的助力，坏的形象则足以令你在会议中处处受钳制。下面是一些有助于塑造及维护良好形象的参考事项：

（1）人们总是喜欢诚实的人，以及以公平态度待人的人。

（2）听众所渴望听到的是事实，因此对那些夸夸其谈、自命不凡的人极度反感。

（3）人们都不喜欢、不愿倾听他人意见的人。

（4）一般人对情绪激动的人通常欠缺信心。

（5）人们对态度冷静、善于逻辑推理的人的判断力，均寄予信心。

（6）人们对富于想象力与创造力的人均产生好感。但是，当一个人的想象力与创造力超越了听众所能理解或想象的范围，则该想象力与创造力将很容易被视为荒谬。

（7）在会议中最令人讨厌的两种人大概是：喜欢打断别人说话的人，喋喋不休的人。

6.保持积极态度

在一般会议中，人们经常面临的是消极的气氛，包括消极的表情、消极的情绪、消极的话语、消极的反应等。在消极的气氛笼罩下，若能注入积极的言辞与积极的态度，那将成为严寒中的一股暖流。

下一次再参与会议，请参照下列诸种要领行事，将获取良好的结果。

（1）从积极的角度看问题，将那些只以产生不良后果的消极性意念扭转为积极性意念。例如将"这200万元的投资当中有一半肯定要泡汤！"扭转为"这200万元的投资当中有一半肯定会带来收益！"。

（2）倾听那些足以蒙蔽真相的泄气话，并设法解开疑惑。

（3）降低会议中所面临的问题的难度，设法先解决较简单的问题，以增进与会者对解决困难问题的信心。

（4）自告奋勇地承担工作，这对减轻与会者的精神负担与实质负担均大有帮助。

（5）当其他与会者强调困境之际，则设法提供解决方案。

（6）对提供良好的意见或解决途径的其他与会者，表达你个人的赞赏。

（7）面对棘手的问题时，应讲求实际，而不应悲观。

（8）鼓励与会者积极进取。

7.协助控制会场

作为人力资源经理，即使你不是会议主持人，在必要的时候，你也需协助主持人控制会场，具体要求如图2-8所示。

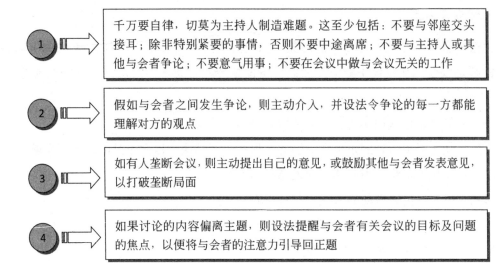

图2-8 协助控制会场的要求

第三周 架起沟通的桥梁

人力资源经理担负着企业人力资源规划和人事工作，他的沟通，很大意义上代表了企业行为和岗位行为。上至总经理，下至一般员工，还有其他平行部门，都需要不断沟通。

问题22：沟通有哪些方式？

企业内的沟通有如图2-9所示的几种方式。

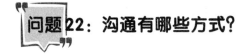

图2-9 沟通方式

1.文字形式

文字形式即以报告、备忘录、信函等文字形式来进行沟通。文字沟通的原则如图2-10所示。

1	文字要简洁，尽可能采用简单的用语，删除不必要的用语和想法	
2	如果文件较长，应在文件之前加目录或摘要	
3	合理组织内容，一般最重要的信息要放在最前面	
4	要有一个清楚明确的标题	

图2-10　文字沟通的原则

2.口语形式

口语形式即利用口语面对面地进行沟通。口语沟通需要沟通者具有知识丰富、自信、发音清晰、语调和善、诚挚、逻辑性强、有同情心、心态开放、诚实、仪表好、幽默、机智、友善等有益沟通的特质。

3.非口语形式

非口语形式是指伴随沟通的一种非语言行为，具体包括眼神、面部表情、手势、姿势和身体语言等。

问题23：沟通的障碍来自哪些方面？

有人为自己不善言辞或比较内向，导致沟通不畅而烦恼。但健谈的人也未必就是沟通高手，如果只会喋喋不休，易引起别人的反感，沟通也会有障碍。而不善表达者，如果抓住了重点，掌握一些技巧，沟通也会进行得很好。

常见的沟通障碍一般来自三个方面：传送方的问题、传送渠道的问题及接收方的问题，如表2-1所示。

表2-1　常见沟通障碍

障碍来源	传送方	传送渠道	接收方
主要障碍	（1）用词错误，词不达意 （2）咬文嚼字，过于啰唆 （3）不善言辞，口齿不清 （4）只要别人听自己的 （5）态度不正确 （6）对接收方反应不灵敏	（1）经过他人传递误会 （2）环境选择不当 （3）沟通时机不当 （4）有人破坏	（1）听不清楚 （2）只听自己喜欢的部分 （3）偏见 （4）光环效应 （5）情绪不佳 （6）没有注意言外之意

身为人力资源经理应注意克服沟通障碍，注意下列禁忌。

（1）只要别人听自己的。

（2）只听自己想听的。

（3）不好的口头禅。

（4）语句威胁。

（5）不好的沟通环境。

（6）不稳定的情绪。

所以，在沟通时要注意如图2-11所示的"三要三不要"。

图2-11　沟通的"三要三不要"

问题24：如何达成沟通的共识？

人力资源经理与人沟通时应建立如图2-12所示的共识。

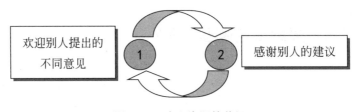

图2-12　建立沟通的共识

只要员工愿意说出对工作方面的建议，无论正面或反面都是好事。一来人力资源经理可以倾听员工内心真正的声音，二来即使员工对部门有诸多不满，但只要他愿意说出来，就给了公司和管理者提供一个改进的机会。

在这个过程中，要先听后说，中间不作情绪的直接反应（非理性情绪），并且态度诚恳，说话实际。

当沟通无共识时，应予以协调；协调未解决，应进行谈判；谈判无结果，应暂时搁置，然后寻求其他方法解决。

当上司与下属各执一方案，无法证明何者较佳时，站在下属的立场，若裁决上司的方案，下属应全力支持；站在上司的立场，若可预防风险，并以此培养下属的某项能力时，可以裁决用下属的方案。

相关链接

沟通的"7C"原则

美国著名的公共关系专家特立普和森特在他们合著的被誉为"公关圣经"的著作《有效的公共关系》中提出了有效沟通的"7C原则"。

Correct（正确）——传递的信息必须是正确的。

Complete（完整）——在沟通中，双方将自己要说的内容说得完整。

Concrete（言之有物）——在沟通中要有事实、有证据。

Clarity（清晰）——沟通之前做好准备，分类汇总，有条理地解释说明。

Courtesy（礼貌）——沟通中要注重礼仪，说话讲技巧、有分寸。

Concise（简明）——要简洁，越简单越好。

Considerate（体贴）——换位思考，将心比心。

问题25：如何运用沟通的技巧？

沟通是一个讲与听的过程，所以，不但要会讲，还要会听，同时，要注意语调、态度。

1.倾听

倾听是沟通最重要的技巧，当下属的"话匣子"打开以后，沟通已经成功一半了。倾听讲究"停、看、听"，如图2-13所示。

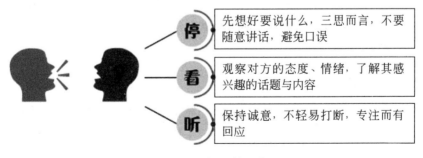

图2-13 倾听的要求

2.谈吐

人力资源经理在与他人沟通时，一定要注意自己的谈吐。

（1）注意交谈的语调。

（2）考虑时间、场所。

（3）言简意赅。

（4）多使用肯定语句，少使用非肯定语句，不用攻击、伤害、批评、讽刺的语句。

3.态度

（1）伸手不打笑脸人，应用轻松、微笑的态度与人沟通。

（2）心平气和、义正词婉，理性的沟通有利于双方形成共识。

（3）肯定自己、肯定别人。

（4）注意眼神、姿势、肢体语言等。

问题26：管理沟通的要领何在？

1.向上沟通

我们先来看一个沟通失败的案例。

公司为了奖励销售部的员工，精心制订了一个旅游计划，名额限定为8人。这下销售部12名员工都盯着这个事情了，员工议论纷纷：谁不该去呢？因为谁都觉得自己有理由去。

销售经理向营销副总这样说："郭总，我们部门12个人都想去参加旅游，可只有8个名额，剩余的4个人会有想法，能不能再给4个名额？"

郭总说："那你们考虑一下嘛，公司也不可能撒钱给你们呀，你们选择一下不就完了吗？公司能拿出8个名额就花费不少了，你们也要多为公司考虑一下嘛。不让你们去旅游最好了，谁也没意见。这样吧，你这个做经理的还有三个主管境界高一点，下批再去，这不就完了吗？"

销售经理：（语塞）……

这个案例给我们的启示是什么呢？销售经理直接去要名额的方法不可取。因为上司是经过了预算并且他也很清楚有哪些员工不属于应该去的范围，这个名额是定了的。如果销售经理从员工团队、员工团结、集体气氛、改善稍嫌落后员工几个方面去提出要求，也许会"柳暗花明又一村"。

如何与上司沟通呢？有以下三个建议。

（1）不要给上司出问答题，尽量给他出选择题。

　　遇到事情需要解决时，千万不要跟上司说我们是不是开个会讨论一下？假如上司说："再说吧"，这样问题就不知道拖到什么时候去解决了。所以对上司讲话不要出问答题，要出选择题。

　　——领导您看明天下午开个会怎么样？

　　——那么后天上午呢？

　　——那么后天上午十点半以后呢？

　　——好吧，十点半以后。

　　——谢谢，我明天下班前再提醒您一下，后天上午十点半我们开个会。

　　（2）任何地点。这里有一个经验值得借鉴：上司很忙，但再忙总得下班回家吧。有些只需要简单回答"是"或"否"的，就可以采取这种方法，到企业停车场等候上司。这时他一定会看到你的，他就说：好吧，就这么办。

　　（3）一定要准备好答案。没有准备好答案，只有两个后果。第一个后果是上司会在心里想，你连这个能力都没有，什么答案要我来想，我用你干吗？第二个后果是上司也没有什么更好的答案，因为也许他的智商跟我们也差不多。因此，与其让他想半天也想不出来，还不如干脆给他答案。

　　情境：人力资源行政副总经理办公室。

　　人力资源经理：杨总，我把昨天收到的各部门培训需求情况向您做个汇报。

　　杨副总：好，我听听。

　　人力资源经理：从报给我们的数据看，全公司12个部门，下个季度有培训需求的有9个部门，占75%。共有37名员工有培训需求，占部门总人数的56%。其中，提交了外委培训申请书的有12人，占有培训需求人数的32%。根据我们掌握的培训机构来看，这些培训，他们都能够完成，而且以前也和我们有过合作。我初步估算了一下培训费用，约需要7.8万元，约占剩余外委培训计划费的52%。好在马上是第四季度，外委培训费不但能够支付，而且还有节约……

　　杨副总：不行，这样不行。昨天我还参加了董事会，说是要从外委培训费里挤点钱出来进行技术开发。你筹划一下，看能拿多少出来，给我一个数。

　　人力资源经理：杨副总，这个恐怕有点难度。您先让我说完。上个季度，我已经根据您的要求，压缩了外委培训人数和资金，员工都有些意见，我想您也听说了。到现在为止，我们实际用于外委培训的资金不到全年计划的70%，就算是把这次的资金都用于外委培训，全年我们也只用了15万元并且还有节余。从另外一个角度看，今年我们送外培训的人数不到去年的80%，您不是经常教导我们要创建学习型的团队吗？光靠内训不足以弥补我们自身的培训不足，我们需要借助外力。如果培训人数逐年递减，员工也不会对我们公司有信心啊！因此，我建议，不但这次不能砍掉一个外委指标，而且还要大张旗鼓地宣传他们去学习的事情，就是要让员工知道，在公司资金紧张的情况下，仍然坚持送外培训。

杨副总：你呀，就是一张铁嘴……好吧，我去和总经理谈谈这个事情。

这个案例告诉我们：和上级沟通，一定要用数据说话。要用上司经常说的话来和上司沟通，这样上司就没有理由来反驳你了。

2.往下沟通

松下幸之助的管理思想是倾听和沟通占有重要的地位，他经常问下属："说说看，你对这件事怎么考虑？"他还经常到工厂里去走走，一方面便于发现问题，另一方面有利于听取工人的意见和建议。韦尔奇也是沟通理论的踏实执行者，为了充分了解下情，他喜欢进行"深潜"。可见，掌握与下属沟通的技巧和艺术，对领导者有着举足轻重的意义。那么，怎么做才能使往下沟通有成效呢？如图2-14所示的三个建议供大家参考。

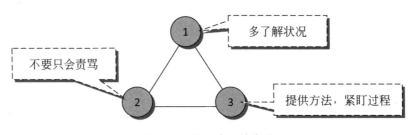

图2-14　往下沟通的方法

（1）多了解状况。与下属沟通时，如果你是"空降部队"，建议多学习、多了解、多询问、多做功课，多了解状况是一件非常重要的事情。真的不了解就回去做功课，把功课做好了，再把你下属叫过来面对面地谈，这样你言之有物，人家才会心甘情愿听你的话，很多上司都说底下的人不听话，其实，他们不想听是因为你说不出什么。

（2）不要只会责骂。花点学费，让下属去体会是值得的。很多上司不愿意犯任何错，也不愿让下属做任何实验，这听起来很安全，其实他是一个永远长不大的业务员。

（3）提供方法，紧盯过程。与下属沟通，重要的是提供方法和紧盯过程，如果你管过仓库，就告诉他存货是怎么浪费的。如果你当过财务，就告诉他回款为什么常常有问题。

情境：人力资源经理办公室。

人力资源经理：小邓，想约请你来谈谈上个季度你的绩效考核成绩。

小邓：好的。

人力资源经理：你上个季度的考核结果是60分，刚刚及格，也就是说处于刚刚合格范围。

小邓：是的，我好几个月都是这样了。

人力资源经理：哦？你可不可以告诉我是什么原因呢？

小邓：我也不知道……

人力资源经理：据我所知，你老家在云南，家里父母亲都年事已高，你还有两个妹妹和一个弟弟。

小邓：是的，我家里很困难。

人力资源经理：可是你从前年加了一次工资以后，你再也没有加工资了。知道是什么原因吗？

小邓：不知道，也许是组长不喜欢我吧。

人力资源经理：呵呵，也许你想错了。据我所知，你上班下班都很遵守时间，而且也能够认真去干活，应该是一个不错的员工。为什么会考核分数这样低呢？

小邓：不知道，也许我技术水平低吧。

人力资源经理：是的，你说对了。你在公司也有三年了，技术上应该有很大长进，可是你却不是这样，这很让我遗憾。

小邓：我文化低，学不好。

人力资源经理：不能这样说。据我所知，你们班里的另外一个同事比你还晚来，文化和你一样，他现在已经掌握了生产技术。你应该想想你这几年都忙什么去了。我们是出来打工赚钱的，可是，据我了解，你天天下班后就去上网，这样会有时间来学技术吗？今天请你来沟通，我还想送你一本书，书名叫《世界上最伟大的推销员》，你可以看看。另外，我也和你的班长谈了，要他在工作上多指导你，希望你好好学习技术，下次考核能够进到良好的档次。因为连续三次60分，是要降工资的。真降工资，谁也保不了你啊！

小邓：好的，我会努力的。

这个案例告诉我们什么呢？从人力资源经理和小邓的沟通情况看，他并没有直接去批评小邓，而是循循善诱地让小邓自己说出来为什么落后。他再接着鼓励小邓，同时严肃指出，如果下次还是60分，将会被降工资这样的一个结果。绩效约谈，就是要让被考核人知道不足在什么地方，达到改进的目的。

3.水平沟通

水平沟通是指没有上下级关系的部门之间的沟通。部门的平级沟通经常缺乏真心，缺少肺腑之言，服务及积极配合意识欠缺。消除水平沟通的障碍，要做到如图2-15所示的几点。

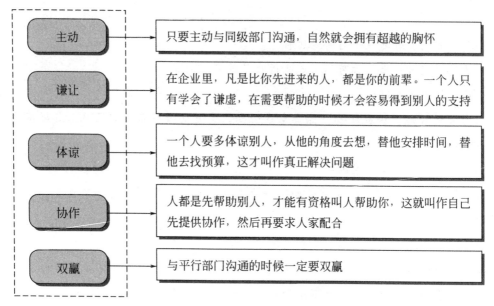

图2-15　水平沟通的要点

以下通过一个案例说明如何与其他部门的同事进行沟通。

情境：生产部办经理公室

人力资源经理：蔡经理，你好，现在不忙吧？

生产部经理：不忙，才进办公室。有什么事吗？

人力资源经理：是这样，关于员工培训的事情想和你沟通一下，征求你的意见。

生产部经理：不是我不配合你啊，我的大经理，是我确实被生产压得抬不起头来了。你看，工人三班倒不说，就说中班吧，下了班还要开品质会、班后会，等他们到家了都快天亮了。休息不好怎么能够工作呢？

人力资源经理：是啊，确实是这样的。员工很辛苦，我们这样的制造业，差不多都是这样的。但是，员工培训也正是为了更好地工作，拿到更多的报酬啊，这不矛盾呀，只是看我们怎么去合理地分配时间。

生产部经理：可是，我问了员工，他们都不想参加培训，特别是不想在业余时间参加培训……

人力资源经理：关于这个问题，我已经和生产副总经理、总经理沟通过了，他们同意每个班占用上班的一个小时时间，员工轮流参加培训。

生产部经理：什么？这根本不可能！除非他们减少计划任务。我是不同意的，我也抽不出人来参加培训。

人力资源经理：你不用急，听我慢慢说。现在，你说你忙，那研发部、采购部、设备部他们就不忙吗？我也没有看见他们在睡大觉呀。他们都可以按时参加培训，我想，你们生产部比别的部门是要忙一些，但还是可以抽出人参加培训的。我们可以算一笔账：以一个员工每小时生产25个产品计算，你派出了5个员工，好像减产125个产品，但这125个产品你完全可以从其他途径"夺回来"。比如，你用一人看两台机或者两人看三台机的办法。再比如，你可以压缩一点工间操的时间，还可以在本部门开展高创高产竞赛，这些都是弹性的，都是可以"夺回来"的。最大的一笔账是，员工培训和不培训完全不一样，这些其实你很清楚，只是你怕任务完不成，我当然理解你的心情。怎么样？按我的办法试一下吧？

生产部经理：看你说的这样在理，我就试一下吧，不过，竞赛的奖金你可要帮我在上面说话啊。

人力资源经理：这个没有问题。

我们观察这个案例，人力资源经理从始至终都没有自作主张，都是在和别人商量，在取得别人认可的前提下，才做决定。

这样的沟通是很成功的，达到了目的。

问题27：如何提升沟通能力？

1.开列沟通情境和沟通对象清单

这一步非常简单。闭上眼睛想一想，你都在哪些情境中与人沟通，比如学校、家庭、工作单位、聚会以及日常的各种与人打交道的情境。再想一想，你都需要与哪些人沟通，比如朋友、父母、同学、配偶、亲戚、领导、邻居、陌生人等。开列清单的目的是使自己清楚沟通的范围和对象，以便全面地提高自己的沟通能力。

2.评价自己的沟通状况

在这一步里，根据表2-2所列的问题，评价一下自己的沟通状况。

表2-2　评价自己的沟通状况

问题	我的状况
1.对哪些情境的沟通感到愉快 2.对哪些情境的沟通感到有心理压力 3.最愿意与谁保持沟通 4.最不喜欢与谁沟通 5.是否经常与多数人保持愉快的沟通 6.是否常感到自己的意思没有说清楚 7.是否常误解别人，事后才发觉自己错了 8.是否与朋友保持经常性联系 9.是否经常懒得给人打电话	

客观、认真地回答上述问题，有助于了解自己在哪些情境中与哪些人的沟通状况较为理想，在哪些情境中与哪些人的沟通需要着力改善。

3.评价自己的沟通方式

在这一步中，主要问自己如下三个问题，见表2-3。

表2-3　评价自己的沟通方式

问题	我的答案
第一个问题：通常情况下，自己是主动与别人沟通还是被动沟通 第二个问题：在与别人沟通时，自己的注意力是否集中 第三个问题：在表达自己的意图时，信息是否充分	

主动沟通者与被动沟通者的沟通状况往往有明显差异。研究表明，主动沟通者更容易建立并维持广泛的人际关系，更可能在人际交往中获得成功。

（1）制订、执行沟通计划。通过前几个步骤，你一定能够发现自己在哪些方面存在不足，从而确定在哪些方面重点改进。比如，沟通范围狭窄，则需要扩大沟通范围；忽略了与友人的联系，则需经常写信、打电话；沟通主动性不够，则需要积极主动地与人沟通等。把这些制成一个循序渐进的沟通计划，然后把自己的计划付诸行动，体现在具体的生活小事中。比如，觉得自己的沟通范围狭窄，主动性不够，你可以规定自己每周与两个素不相识的人打招呼，具体如问路、说说天气等。不必害羞，没有人会取笑你的主动，相反，对方可能还会欣赏你的勇气呢。

在制订和执行计划时，要注意小步子的原则，即不要对自己提出太高的要求，以免实现不了，反而挫伤自己的积极性。小要求实现并巩固之后，再对自己提出更高的要求。

（2）对计划进行监督。这一步至关重要，一旦监督不力，可能就会功亏一篑。最好是自己对自己进行监督，比如用日记、图表记录自己的发展状况，并评价与分析自己的感受。

当你完成了某一个计划，如与一直不敢说话的异性打了招呼，你可以奖励自己一顿美餐，或是看场电影轻松轻松，这样有助于巩固阶段性成果。如果没有完成计划，就要采取一些惩罚措施，比如做俯卧撑或是做一些平时不愿做的体力活。

总之，计划的执行需要信心，要坚信自己能够成功。记住：一个人能够做的，比他已经做的和相信自己能够做的要多得多。

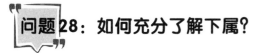

第四周　赢得下属的信任

作为管理者，只要能赢得下属的信任，下属就会主动地、积极地投入工作；但若双方没有建立起信任感，企业内部的一切规章以及管理者的角色与功能，都会失去效用。

问题28：如何充分了解下属？

1.掌握下属的基本资料

（1）掌握下属的履历表。人力资源经理应该详细掌握每一位下属的工作履历，包括其年龄、籍贯、教育背景、工作经历、进公司的时间以及主要的升迁状况。如果你所辖的下属很多，可以借助部门的资料档案，但对于直属的下属应该熟悉上述资料。基层的管理者，则应有一份自己下属的履历表（表2-4）。

表2-4　下属履历表

序号	姓名	性别	出生年月	学历	家庭住址	进厂时间	职务	任现职时间	备注

（2）下属工作特性状况。人力资源经理应尽可能地掌握下属技能状况、兴趣专长、优缺点，并作为任用、培训、升迁等的参考资料之一（表2-5）。

表2-5　下属工作特性状况表

序号	姓名	性别	技能A	技能B	技能C	技能D	兴趣专长	优点	缺点	备注

（3）下属教育培训。了解下属的需求，配合其个人发展规划制订计划。

2.关注下属的异常征兆

人力资源经理针对下属的反常表现，应了解其原因，适时给予关心与调整，协助其"恢复正常"。常见的异常征兆有以下几种。

（1）说话的语气很"冲"。

（2）变得没有朝气。

（3）不喜欢说话。

（4）经常请假，或不配合加班。

（5）一举一动与平日不同。

（6）对交代的任务爱理不理。

（7）工作草率、马虎，不负责任。

（8）不与领导或其他同事打招呼。

（9）仪容仪表与往常相比反差很大。

（10）精神恍惚，做事丢三落四。

（11）动作变得迟钝。

（12）走路垂头丧气、无精打采。

（13）身体状况变得不佳。

3.赢得下属的尊重

作为人力资源经理，如何赢得下属的尊重，是一个要重点关注的问题，需做到以下几点。

（1）以身作则。

（2）仪容整洁，举止端正，言行一致。

（3）严守纪律。

（4）表现你个人的真诚。

（5）谨慎处理与下属的友谊。

（6）对错误负责。

（7）有耐性，冷静。

（8）前后一致。

（9）要求下属有好的言行。

（10）期望下属做好工作。

（11）赞许下属好的工作表现。

（12）公开称赞，私下批评。

（13）不要为下属"制造"过多的工作。

（14）现场主义，了解实情。

（15）公正，不偏不倚。

4.赢得下属的认可

人力资源经理可从以下几个方面来赢得下属的信心。

（1）要自信。

（2）多与下属沟通。

（3）鼓励并聆听下属的建议。

（4）让下属知所当知。

（5）坚持诚实。

（6）信守承诺。

（7）不要批评上司。

（8）尊重下属的隐私。

特别提示

在职场中，下属心目中理想的上司是能够客观公正地分配工作和资源，能够客观评价下属能力和贡献，能够为员工长远职业发展考虑的好领导。

问题29：如何激励下属?

1.进行自我激励

要激励他人，首先要激励自己。人力资源经理每天要面对许多困难和挑战，如果不能自我激励，往往会知难而退，当然也就不能成长。

2.了解员工

要激励员工，就要了解他们的需求，了解他们到底想要什么。人力资源经理要进行了解分析，并依此制定激励的方式。员工期望调查结果见表2-6。

3.激励下属工作意愿的方法

人力资源经理在激励下属时，可以采用提高工作兴趣、使下属确知工作评价、促进下属积极参与工作、使下属在工作中获得更多满足感、改善人际关系等方法激励他们。

表2-6　员工期望调查结果

希望得到满意的事项	期望比例/%	现状满意平均分/分
1.工作被肯定与认可	89.2	3.25
2.高薪资	80.7	2.54
3.良好的工作环境	77.2	3.24
4.对工作内容有兴趣	76.9	3.44
5.归属感与参与感	70.1	3.07
6.受训、成长的机会	70.0	2.80
7.和谐的办公气氛	66.3	3.42
8.良好的福利制度	61.2	2.86
9.升迁	60.0	2.47
10.可信与可敬的主管	53.1	3.02
11.工作有保障	51.1	3.03
12.主管设身处地了解员工的私人困难	28.1	2.69

身为人力资源经理，如果要创造一个士气高昂的团队，就必须做到以下几点。

（1）给下属良好的工作环境。

（2）解释公司的使命，让下属了解。

（3）给予下属努力的目标。

（4）让每个人都成为独立的个体。

（5）创建团队独特的个性与魅力。

（6）让全员一起分享成果。

（7）确保团队内正面的气氛。

（8）让自己成为一位激励型的领导者。

问题30：责备下属有什么技巧？

责备是一种期待，不是管理者滥用权力的工具。责备是期许下属能够认识到问题所在，清楚自己的责任，并在日后的工作中进行改善。

人力资源经理应尽量避免对下属的责备，只有那些本来应该做好，却由于下属的疏失而造成失误的事情，才可以批评，并且只对事不对人，还应注意以下的要点。

（1）在一对一的情况下责备。

（2）注意责备的方法和时间。

（3）选择适当的场所。

（4）明白地说出责备的理由。

（5）指出具体事实。

（6）不可感情用事，失去理智。

（7）指责语气因人而异。

（8）不要伤害下属的自尊、自信和人格。

（9）责备下属时，也应考虑到其优点。

（10）责备的态度要诚恳。

（11）抱着教育、教导下属的心态。

（12）对待下属应公正、公平。

（13）理性、感性的纠正及期望。

（14）允许下属有解释的机会。

（15）不可公报私怨。

（16）不要拿对方当出气筒，转嫁怨气。

（17）要弄清事情真相，不可只听片面之词。

第三个月

员工配置

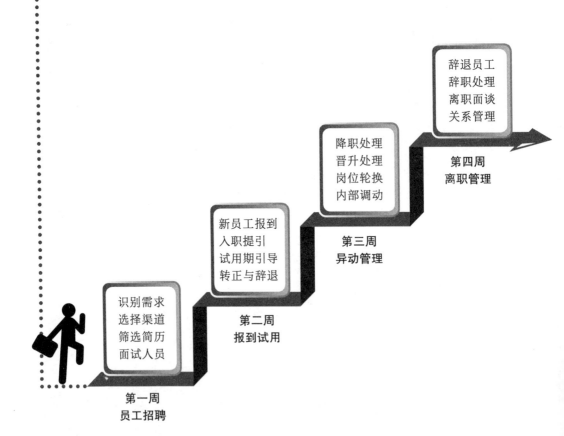

辞退员工
辞职处理
离职面谈
关系管理

第四周
离职管理

降职处理
晋升处理
岗位轮换
内部调动

第三周
异动管理

新员工报到
入职提引
试用期引导
转正与辞退

第二周
报到试用

识别需求
选择渠道
筛选简历
面试人员

第一周
员工招聘

第一周　员工招聘

员工招聘是人力资源部的主要工作事项之一。然而，员工招聘并非人们想象中那么简单：到人才市场摆个摊、收集简历、面试、录用。它有一整套的程序，而且要注意很多细节。

问题31：如何识别招聘需求？

当用人部门提出招聘需求时，HR应在清晰业务背景的前提下通过实际数据支撑与用人部门探讨人员配置。通过甄别环节，来判断用人部门的招聘需求是不是真的？具体可以通过如图3-1所示的四个维度来进行甄别。

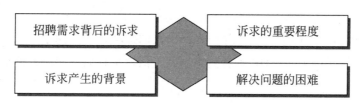

图3-1　甄别招聘需求的维度

1.招聘需求背后的诉求

招聘只是用人部门认为解决问题的手段和途径，HR在面对招聘需求时，第一反应应该是去探究用人部门提出招聘需求背后的诉求是什么，即招聘要解决什么问题。

HR要与用人部门以及流程相关者进行深入交互，挖掘和澄清招聘背后的诉求，确保需求是在实际业务场景下产生的，而不是臆想出来的。有时候用人部门可能真不知道为什么要招聘，只是觉得部门编制有这么多人，多个人能多分担些任务，实际上等人招来了却没什么工作可安排。

另外，在用人部门以离职补充为由要求招聘时，HR同样要探究需求背后的诉求，因为有时候用人部门里会有一些所谓的"闲人"，或者因为历史原因留有多余人员，那么这些人的离职，就没必要补充。

2.诉求的重要程度

在确定招聘诉求要解决的问题后，HR需要探究这个问题的重要程度，即这个问题是否是影响业务推进的重要堵点。或者可以反向思考，这个问题不解决会带来什么样的影响。如果现阶段这个问题并不是特别重要，那么招聘需求也可以缓一缓。

3.诉求产生的背景

即招聘要解决的这个问题产生的背景是什么？是因为业务战略改变、产品技术革新、政策异动或者是组织架构调整？只有清晰问题产生的背景和原因后，才能更合理地推演问题解决思路，进而判别招聘需求的真伪。

特别提示

人力资源部有必要协助用人部门管理者判断一下，是否必须要通过招人来解决问题，即使是招人，也要判断是否一定要招聘正式员工。

4.解决问题的困难

即回答解决招聘需求背后的诉求时，遇到的困难和挑战是什么？这个问题要导出两个结果：一是要解决这个问题，招聘是否是唯一选择或者是否是最优选择；二是要解决这个问题，需要什么特质的人。

综上，HR应围绕这四个问题，与用人部门共同梳理、深入沟通，就招聘需求的真实性达成共识。就算是伪需求，HR也会因为协助澄清需求背后的问题，而取得用人部门的理解和认同。

问题32：如何选择招聘渠道？

招聘渠道，是组织招聘行为的辅助之一。HR在选择招聘渠道的时候，要综合考虑招聘成本、招聘时限要求以及招聘职位要求来确定。

常见的招聘渠道主要有如图3-2所示的几种。

1.内部招聘

随着外部招聘风险和招聘成本越来越高，现在很多企业已开始青睐于内部招聘，尤其是对那些处于经济欠发达的地区，人才资源匮乏，知名度较低，招聘资金预算有限的企业更是如此。甚至有些著名的大公司也通过人才培养和储备的形式为高层次职位谋求合适人选。

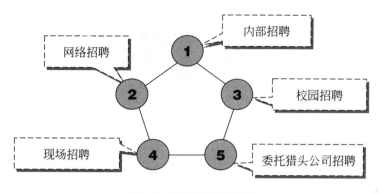

图3-2 常见的招聘渠道

2.网络招聘

网络招聘，也被称为电子招聘，是指通过技术手段的运用，帮助企业人力资源经理完成招聘的过程。即企业通过公司自己的网站、第三方招聘网站等机构，使用简历数据库或搜索引擎等工具来完成招聘的过程。

3.校园招聘

校园招聘是一种特殊的外部招聘途径，是指招聘组织（企业等）直接从学校招聘各类、各层次应届毕业生，也指招聘组织（企业等）通过各种方式招聘各类、各层次应届毕业生。

4.现场招聘

现场招聘是一种企业和人才通过第三方提供的场地，进行直接面对面对话，现场完成招聘面试的一种方式。现场招聘一般包括招聘会及人才市场两种方式。

现场招聘会一般由各种政府及人才介绍机构发起和组织，较为正规，同时，大部分招聘会具有特定的主题，比如"应届毕业生专场""研究生学历人才专场"或"IT类人才专场"等，通过这种毕业时间、学历层次、知识结构等的区分，企业可以很方便地选择适合的专场设置招聘摊位进行招聘。对于这种招聘会，招聘会的组织者一般会先对入会应聘者进行资格的审核，这种初步筛选，节省了企业大量的时间，方便企业对应聘者进行更加深入的考核。但是目标人群的细分方便了企业的同时，也带来一定的局限性，如果企业需要同时招聘几种人才，那么就要参加几场不同的招聘会，这也提高了企业的招聘成本。

现场招聘会的方式不仅可以节省企业初次筛选简历的时间成本，同时简历的有效性也较高，而且相比其他方式，它所需的费用较少。但是现场招聘也存在一定的局限，具体表现如图3-3所示。

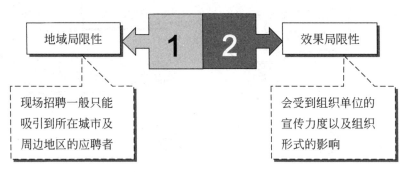

图3-3　现场招聘的局限性

5.委托猎头公司招聘

现在的企业在寻找高级人才的时候，都喜欢委托猎头公司招聘来寻找，猎头公司可以为企业制订招聘计划和方案，让企业能够更快地找到适合的人才，让人才也可以更快地找到适合自己的工作。

 相关链接

常用招聘渠道对比分析

招聘渠道	优点	缺点
内部招聘	激发员工的内在积极性、迅速地熟悉和进入工作状态、保持企业内部的稳定性、尽量规避识人用人的失误、人才获取的费用最少	容易形成企业内部人员的板块结构；可能引发企业高层领导的不团结；缺少思想碰撞的火花，影响企业的活力和竞争力；企业高速发展时，容易以次充优；营私舞弊的现象难以避免；会出现涟漪效应
网络招聘	招聘成本较低、比较方便快捷、获得的简历量多、招聘对象范围广、与求职者的互动性强、不受时间和空间因素限制	无法控制应聘者的数量和质量、海量简历增加HR的工作量和工作强度、无法辨别求职者提供信息真假性
校园招聘	针对性强、选择面大、适宜进行战略性人才选择和储备部分优秀人才	应聘者工作经验缺失、流失率较高、需要企业投入较多精力进行培训
现场招聘	和应聘者直接面对面交流、直观展示企业实力和风采、效率较高	有较大局限性、求职者的数量和质量难以有效保证
委托猎头公司招聘	在短期内快速、定向寻找企业所需要的人才	费用较高、适用范围较窄

问题33：如何筛选求职简历？

简历是企业或HR第一次接触应聘者，而筛选简历也是对应聘者的第一次过滤。HR要从简历中获得有效信息，一方面要辨别简历中的虚假信息，另一方面要对重点内容在接下来的面试中进行确认，并使面试更有针对性，主要依赖对应聘者简历的解读。

一般来说，应聘者简历主要分成如图3-4所示的几个部分。

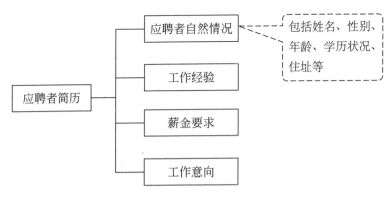

图3-4　应聘者简历的组成

1.年龄

与应聘的岗位所要求的经验相比，年龄是一个重要的参照。把应聘者的年龄与其工作经验进行比较，就可以看出应聘者所列出的经验的真伪。一般来说，应聘者不会虚报年龄，而有的人会在经验上造假。

如果应聘者年龄较大，那就需要在更换工作的原因上进行分析，还要考虑年龄较大的应聘者是否还可能踏实地从基层做起。

2.学历

"真的假文凭"和"假的真文凭"是学历上的大问题，同时一些海外学历也日益增加，因此HR有必要通过各种渠道查询学历的真伪。

有的应聘者还有第一学历和后学历之分，对于后学历，要看应聘者是何时开始、何时获得的，这可以看出应聘者的学习能力和接受挑战的心态。

与学历相关的是专业，一般岗位说明书中都对专业做了规定。如果应聘者具有多个学历，那么对其不同学习阶段专业的分析可以了解对方的专业理论水平和技能，还可以从不同专业的相关性中获得其个人规划的能力。

3. 住址

如果应聘者是跨城市应聘的，尤其是针对一些年龄较大的应聘者，要考察他们的动机是什么，因为他们将面临非常现实的一些问题，比如生活成本增加、生活环境变化等问题，这些都将影响其进入企业后的工作状态。

4. 工作经验

工作经验是简历分析中的重点。

（1）工作变换的频繁程度。一方面说明应聘者经历丰富，另一方面也说明应聘者工作稳定性。

（2）当应聘者存在非常频繁变换工作的现象时，那么对他每次工作轮换的原因是需要进行分析的。当然频繁变换工作也并非绝对存在问题，关键是为什么变换工作。

（3）如果每项工作相关性不大，而且工作时间不长，那么就需要高度注意了。

（4）工作是否有间断，间断期间在做什么。

（5）目前是否在工作，这关系到应聘者劳动关系的问题，也关系到应聘者何时能到职，当然为什么离职也是很重要的。

（6）要对应聘者的整个工作经历轨迹进行把握，应聘者是否比较深入系统地从事过某一项工作。

（7）要对应聘者每个阶段所负责的主要内容和业绩进行审查。

（8）应聘者的经验与岗位要求是否匹配，如果已经达到一个相对较高的职位，而来应聘一个较低的职位，动机是什么？

特别提示

读透应聘简历，最主要的原则就是对各项内容进行交叉分析，这样就能获得应聘者更完整和全面的信息，发现其中的亮点和疑点。对于亮点和疑点，都不是最终判断，还必须通过进一步的甄选进行确认。

 相关链接

简历筛选的标准

对简历筛选来说，如果没有标准，那就要靠HR的个人经验来判断，这样可能会存在主观的因素，并给评估简历留下一些漏洞。因此，在做简历筛选之前，HR必须要了解筛选的标准有哪些，从而评估一位候选人是否值得被邀约过来面试。

常见的做法是将简历筛选的标准分为下表所示的四种类型。

简历筛选的标准

评估项目	加分标准	通过标准	待定标准	排除标准
简历格式	内容翔实，逻辑通顺，重点突出，自我评价具体，职责和贡献描述完整	内容翔实，条理清晰	简历描述太过简单，需要更新	逻辑混乱，语言不通，错别字满篇
求职意向	有明确的求职意向，工资期望符合公司要求	有明确的求职意向	有明确的求职意向，工资期望超过公司规定的范围很多	没有明确的求职意向，工资期望超过公司规定的范围很多
工作经验	符合职位要求	符合职位要求	经验偏少但产品相关经验可培养	与岗位要求差别较大
行业背景	同一行业连续性背景2年以上	2年同行业背景	1年同行业背景	无相关行业背景
产品/项目背景	具有竞争对手产品及项目经验	产品经验相关度60%		无相关产品经验
工作连续性、稳定性	工作经历完整，无空档期，工作稳定性好，能在一家公司工作3年以上，基本不怎么跳槽	工作经历完整，无空档期，能在一家公司工作2年以上	有空档期，但是解释合理，稳定性还可以	频繁跳槽，单位平均司龄小于1年
教育背景	全日制本科及以上	全日制大专院校及非全日制本科		中专、高中院校
专业	完全符合职位要求	从属大类符合要求	不符合要求，但综合素质优异	完全不相关专业
技能描述	80%以上符合职位要求	60%符合职位要求		与职位要求不相关

（1）符合加分标准，说明这份简历是一份非常优秀的简历，这个首选人是值得重点关注和邀约的。

（2）符合通过标准，说明这份简历是一份合格的简历，符合岗位各方面的要求，也可以被邀约过来面试。

（3）符合待定标准，说明这份简历体现出来的内容存在很多的瑕疵，在候选人充足的情况下，一般不考虑这样的简历，如果候选人不足，那可以约过来面试一下。

（4）符合排除标准，说明这份简历完全不符合岗位要求，可以把这份简历放进排除库。

问题34：如何面试求职人员?

实践中，由于HR未能进行有效的面试前准备，导致面试评估欠缺针对性和可靠性，无法有效招聘到合适人选的事情也确实存在。因此，HR应有计划地进行面试前的准备工作，以有效开展面试活动，提升面试的针对性和有效性，增加甄选的准确度。

1.发放面试邀请函

一封正规、清晰的面试邀请函，能够向对方传达一个正规严谨的企业形象，是人力资源工作者对企业的一次专业度包装。

面试邀请函要做到信息准确、条理清晰。一般来讲包含如图3-5所示的信息。

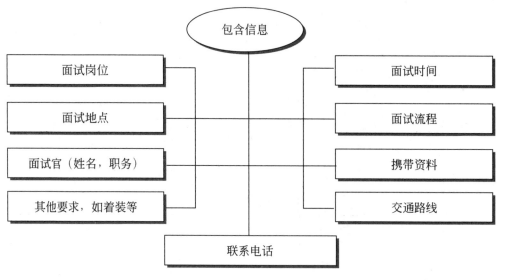

图3-5　面试邀请函应包含的信息

下面提供两份面试通知的范本，仅供参考。

🔍【范本】▸▸ --------------------------------

面试通知（初试）

_____先生/女士：

您好！我们是_____公司_____部，首先感谢您答应我们的邀请前来面试，我们初步认为您具备的素质与我们的招聘需求相吻合，邀请参加面试。

面试时间：20____年____月____日____点____分（如有变更，请提前沟通）

面试地址（即公司地址）：_____

乘车路线：【公交站】_____【地铁站】_____

联系人：_____

座机：_____-_____-_____

手机：_____

邮箱：_____

🔍【范本】▶▶ --

面试通知（复试）

_____先生/女士：

　　您好！欢迎您应聘本公司_____职位，您的学识、经历给我们留下了良好的印象。为了彼此进一步了解，请您____月____日____点前来本公司参加复试。

　　请携带如下_____资料。

　　如您时间上不方便，请事先以电话与_____先生（女士）联系，电话：_____-

_____

　　面试地址（即公司地址）：_____

　　乘车路线：【公交站】_____【地铁站】_____

　　联系人：_____

　　座机：_____-_____-_____

　　手机：_____

2.安排面试时间

　　面试时间最好安排在双方不受干扰的时间内进行，并在相对集中的时间内连续进行，一次完成。

　　比如，上午9～11点，下午2～4点，这两个时间段都比较合适，招聘者可以在其空余的工作时间处理其他一些工作，应聘者根据距离远近选择上午或下午，可在路上有充裕的时间，面试时候的状态也相对好一些。

3.布置面试场地

　　（1）面试场地应选择在安静不会被干扰、相对独立的空间。有些面试官喜欢选择自己的办公室作为面试的场所，但难免遇到意外的电话、工作方面的干扰。因此，一些小型的会议室也可以作为面试的场所。

（2）面试的环境应该舒适、适宜，利于营造宽松气氛。

特别提示

握手、微笑、简单的寒暄、轻松幽默的开场白、舒适的座位、适宜的照射光线和温度，以及没有令人心烦意乱的噪声，这些都有利于营造舒适、宽松的气氛。

4.提前阅读简历

许多面试官习惯于在面试前几分钟才对应聘者的简历进行浏览，然后就开展面试。这样，由于对应聘者的背景资料了解不足，难免影响面试评估中的有效性和公正性。

为保证面试的有效进行，面试官应提前进行应聘者的简历阅读，以便更充分地了解求职者的信息，主要包括如图3-6所示的内容。

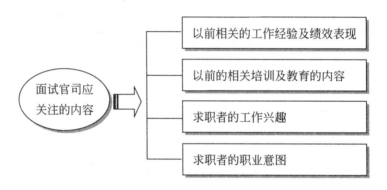

图3-6　面试官阅读应聘者简历应关注的内容

另外，面试官在阅读简历时，应对简历中的疑点进行相应的标识，以在面试中进行进一步的查询。这些应做出标识的地方如表3-1所示。

表3-1　简历疑点标识

序号	标识内容	具体说明
1	应聘者工作衔接出现空档的原因	对于应聘者在两份工作之间的空档时间，面试官应加以留意，尤其是时间超过三个月的工作空档，应做出明显标识，并在面试中加以提问，以了解其真正的原因，是由于应聘者本人的能力迟迟找不到合适的工作，还是其他客观的原因影响应聘者找不到新的工作
2	频繁转换工作的原因	对于那些在一年里换了三次工作的应聘者，面试官应特别警惕，要在面试时特别留意，了解应聘者频繁换工作的真实意图，并做出判断，应聘者能否适应本公司的环境，而不会匆匆跳槽
3	最近的培训进修情况	面试官可通过阅读应聘者的培训进修记录，了解应聘者的培训进修情况，从而判断应聘者是否积极好学，能否以积极进取的心态学习本专业的知识和技能。对于毕业五年却从未有过任何培训进修记录的应聘者，面试官应在面试过程中特别留意

序号	标识内容	具体说明
4	离开上一家公司的真正原因	应聘者为什么不再在原公司任职？是什么原因促使他离开原公司？这些离职的因素，是否在本公司中亦存在？面试官应通过对应聘者的离职原因进行深层次的解读，才能较好地判断该应聘者是否真心实意留在本公司
5	在上一家公司的工作绩效	应聘者在上一家公司取得何样的工作成绩？当时的情况如何？条件如何？主要面临的问题如何？应聘者使用了哪些资源？他的措施包括哪些？这些措施是否有效？本公司能否提供相近的条件，以供他创造这些的绩效？通过这样的问题设计，可更深入地了解应聘者分析问题与解决问题的能力
6	内容前后矛盾或不合常理的地方	这主要包括应聘者工作经历时间上的前后矛盾，或其他不一致、不合逻辑的地方，如应聘者仅毕业半年，即可担当重要的管理工作岗位等。对此，面试官应加以留意，并在面试中进行深入盘查

5.确定面试方法

面试官应根据应聘者的应聘岗位的不同，进而选择和开发恰当而有效的面试方法。常用的面试方法有如图3-7所示的两种。

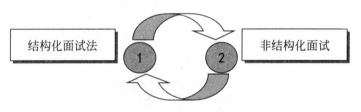

结构化面试法 1 2 非结构化面试

图3-7　常用的面试方法

（1）结构化面试法。

结构化面试法是相对非结构化面试而言的，是指企业在基于对岗位胜任力分析的基础上设定标准固定的面试套路，包括固定的提问问题和评分标准等。任何人来面试时，所有面试官都用这套标准去检测，这就是结构化面试。结构化面试的重点和难点是对岗位任职资格及所需胜任力的准确理解与把握，以及考察这些能力的问题设计，这需要一定的经验积累和对岗位的深刻理解及总结。

> **特别提示**
>
> 不同的测试者使用相同的评价尺度，对应聘同一岗位的不同被试者使用相同的题目、提问方式、计分和评价标准，以保证评价的公平合理性。

（2）非结构化面试。

非结构化面试就是没有既定的模式、框架和程序，主考官可以"随意"向被测者提出问题，而对被测者来说也无固定答题标准的面试形式。主考官提问问题的内容和顺序都取决于其本身的兴趣及现场应试者的回答。这种人才测评方法给谈话双方充分的自由，主考官可以针对被测者的特点进行有区别的提问。

这种面试人才测评方法简单易行，不拘场合、时间、内容，简单灵活，应聘者防御心理比较弱，了解的内容比较直接，可以有重点地收取更多的信息，反馈迅速。但非结构化面试本身也存在一定的局限，它易受主考官主观因素的影响，缺少一致的判断标准，面试结果常常无法量化以及无法同其他被测者的评价结果进行横向比较等。

> **特别提示**
>
> 　　一般来说，现在的企业大都采用结构化和非结构化相结合的方式，为企业人力资源的多方位开发和管理形成良性循环。

6.列出面试提纲

在列写面试提纲时，面试官应考虑以下方面：

（1）面试提问的问题宜由浅入深；

（2）面试提问的问题宜覆盖到本岗位的核心胜任力；

（3）设计的面试提问的问题应符合如图3-8所示的STAR原则。

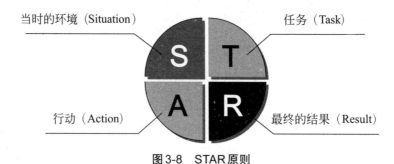

图3-8　STAR原则

7.设计面试问题

面试是一个技术活，应该根据不同对象、不同目的设计不同的面试问题，才能提升应聘者面试体验，真正考察应聘者与岗位的匹配度。常见的面试题型有表3-2所示的10种，每种题型都有其独特的特点和作用。

表3-2　常见的面试题型

序号	题型	目的	举例说明
1	导入性问题	降低被试者的紧张情绪，创造融洽的交流环境	您到这里需要多长时间？您住在哪里？我们这里还好找吧？
2	行为性问题	了解人选过去某种特定情境下的行为表现	您是如何成功带领团队高效工作的？您是如何消除与同事间误会的？

序号	题型	目的	举例说明
3	智能性问题	考察人选的逻辑性与综合分析能力	您如何看待办公室政治的问题？请问您对某某事（热门事件）有什么看法？
4	意愿性问题	考察人选的动机与岗位的匹配程度	某公司招聘市场人员，应聘者分为两类，一类选择高底薪，另一类选择低底薪，您会选择哪一种呢？您喜欢与强势的领导工作，还是喜欢与民主的领导工作，为什么？
5	情境性问题	可根据具体岗位组合测试要素考察求职者的组织能力	如果请您来组织面试您会如何组织？某日，总经理出差，您忽然接到税务局的通知，税务局要来进行税务稽查，此时您又联系不到总经理，您将如何处理这件事？
6	应变性问题	考察情绪稳定性与应变能力	领导开会时发言明显出错，您如何制止他？您的领导交给您一件根本无法完成的工作，请问您会如何处理这种情况？
7	投射性问题	降低投射效应对于人员招聘的认知误差。尽可能地掩饰面试的真正目的，使用表面效度低的问题，让被试者难以直接判断考官真正要了解的内容	如果让您在工程师与公务员两个工作中进行选择，您会选择哪个？为什么？您如何评价原来的领导？他让您感觉很舒服的特点是什么？有哪些是您难以接受的？
8	细节操作性问题	应聘者的动手操作能力	应聘者求职意向为车间主任，可问：开班有哪些注意事项？收班有哪些注意事项？您如何处理剩余原料问题？员工不愿意打扫卫生你怎么办？
9	核实性问题	核实简历中的信息是否真实	如果应聘者在自己的爱好一栏里写爱好读书、足球，可问：您最近三个月内看过几本书？从这几本书里您学到了什么？欧洲杯最新战况如何？
10	操作性问题	动手操作能力的测试	招一名电器工程师或者质量管理员，可以带着到现场进行实际的操作，以验证其技能的适合性

问题35：如何做好入职背景调查？

入职背景调查是指通过从外部求职者提供的证明人或以前工作的单位那里搜集资料，来核实求职者的个人资料的行为，是一种能直接证明求职者情况的有效方法。

对于大部分的职位，企业可以采取入职前背景调查的方式，防患于未然；对于紧急招聘的职位，可以入职后再补上背景调查，但需要在法律上做好相应的防范。

对于企业而言，并不是对全体员工都要做背景调查。一般对一定级别以上的关键岗位进行背景调查，如中高层管理岗位、核心技术岗位。

具体来说，背景调查的内容主要包括如图3-9所示的五大类。

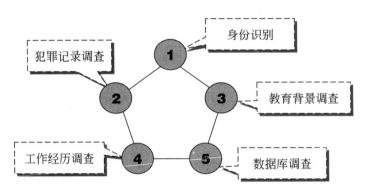

图3-9　背景调查的主要内容

其中，身份识别指核实候选人身份证的真假；工作经历调查包括调查工作经历是否真实、是否正常离职、是否与原单位解除劳动合同等信息，以及工作具体表现两种；数据库调查指通过各种权威的信息库来查找候选人被公开的一些负面信息。

在同一个企业中，对不同岗位所进行的背景调查的范围和深度是不一样的。企业人力资源部可以根据岗位重要性将员工划分成几档，以此决定对不同员工进行调查的范围和深度。

（1）最基层的员工可以仅仅做身份证识别和犯罪记录核实，比如一线的操作工人、保安、保洁人员等。

（2）初级专业职位如文员、助理一类，需要加上教育背景和工作经历的核实，教育背景仅核实最高学位，工作经历仅了解最近一两段工作经历，也只需确认工作起始时间和是否正常离职即可，不需要了解详细的工作绩效。

（3）高级专业职位，包括核心技术人员、高层管理者，则需要全面彻底的调查，包括各种专业资格证书的核实、海外经历核实、是否陷入各种法律纠纷、是否在媒体中有负面报道、在前任公司的详细工作表现和真实的离职原因。另外，还要进行更长时间范围内的工作经历核实，一般最长可以追溯到候选人10年以内的工作经历。教育背景也可以核实从本科开始所取得的所有学位。

（4）对于一些特殊性质的职位，例如法务、财务相关工作，无论职位高低，都需要进行最全面、严谨的调查。

背景调查完成后，要统一填写"背景调查表"，报领导审查，确定最终是否录用，并作为员工的历史资料，由人力资源部门专人负责入档。表格填写应注意：要完整、准确，不得漏项，记录在调查过程中了解到的一切信息；填写调查结果，应涵盖调查的内容；应显示背景调查对方的职务，以便对其提供情况的可信度做出判断。

下面提供一份背景调查表的范本，仅供参考。

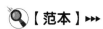【范本】▶▶ ---

背景调查表

应聘者姓名		应聘岗位		面试时间	
调查单位1					
提供信息人1	与被调查者关系		□上级　□下级　□平级　□其他_____		
	姓名	所在部门	所在职位	联系方式	
被调查者信息	任职时间		任职岗位		
	工作评价		有无不良记录或纠纷		
			薪资水平		
	离职原因	□公司辞退（原因：　　　　　　　　） □个人辞职（原因：　　　　　　　　）			
调查单位2					
提供信息人2	与被调查者关系		□上级　□下级　□平级　□其他_____		
	姓名	所在部门	所在职位	联系方式	
被调查者信息	任职时间		任职岗位		
	工作评价		有无不良记录或纠纷		
			薪资水平		
	离职原因	□公司辞退（原因：　　　　　　　　） □个人辞职（原因：　　　　　　　　）			
调查单位3					
提供信息人3	与被调查者关系		□上级　□下级　□平级　□其他_____		
	姓名	所在部门	所在职位	联系方式	
被调查者信息	任职时间		任职岗位		
	工作评价		有无不良记录或纠纷		
			薪资水平		
	离职原因	□公司辞退（原因：　　　　　　　　） □个人辞职（原因：　　　　　　　　）			
调查小结					
调查结果	□属实　□不属实				
调查日期		调查部门		调查人	

问题36：如何做好薪酬福利沟通？

薪酬谈判是招聘的"临门一脚"，是决定招聘成败的关键之举，更是企业和应聘者之间的心理博弈与较量，只有在谈判的时候准确把握对方心里，以"读心"代"谈薪"，才能使招聘变得事半功倍。

薪酬谈判要达到两个目标：一是吸引与激励人才，即薪酬谈判的结果要体现招聘职位与人才的市场价值；二是保证内部员工的公平，即薪酬谈判的结果要体现该职位与人才在企业内的相对价值。这两点是薪酬谈判的出发点，必须把握好两者的平衡。对此，企业应遵循如图3-10所示的定薪原则。

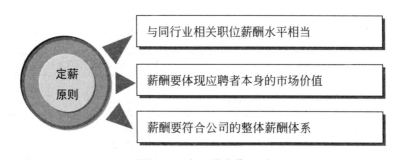

图3-10　企业的定薪原则

1.与同行业相关职位薪酬水平相当

某些企业的人力资源部负责人不关心与了解市场薪酬信息，特别是在本企业某些职位的薪酬水平已远远低于市场平均水平的情况下，坚持要求招聘人员以内部的标准去进行薪酬谈判，结果薪酬一开出来就把应聘者给"吓跑了"，或者经过一轮"拉锯战"后已经接近市场水平，但是应聘者已经在薪酬谈判的过程中产生很大的挫折感，对企业也丧失了原有的信任与信心，最后导致应聘者的拒绝，使招聘人员吃力不讨好。因此，企业应参考同行业相关职位的薪酬水平来确定薪酬，这样招聘专员才有与应聘者谈判的基础。

2.薪酬要体现应聘者本身的市场价值

薪酬要体现应聘者本身的市场价值，包括其素质、能力、经验与过往业绩状况。如果候选人经验丰富、能力很强，薪酬水平应相应提高；反之则适当降低。如何科学衡量人才的市场价值，可以分成两个阶段，一是在员工入职之前，二是在员工入职之后。

员工入职之前，企业对应聘者并不了解，这时对应聘者的衡量，主要就是通过面试及甄选的过程实现的，这个过程的实质就是对应聘者与岗位匹配程度的考察。

比如，企业招聘一名营销总监，经过甄选终于找到一位可以考虑的人选，如果该人选勉强可以任用，不过还不太满意，因为实在没有完全符合要求的人选就凑合着用，这种情况就是"人岗匹配度"不够好，薪酬可低一些。

另一种情况是求职者的综合素质已经超出任职要求，可完全胜任该工作，这种情况薪酬可高一些。

3.薪酬要符合公司的整体薪酬体系

薪酬的确定要符合公司的整体薪酬体系，包括从薪酬的水平与结构上，避免对内部员工造成较大冲击。公司要招聘的是合适的人才，这种合适也包括薪酬的合适。招聘人员需要维护薪酬体系的相对刚性与稳定性。因此，招聘人员要掌握主动权，积极地影响应聘者接受公司的薪酬体系。让应聘者认识到本企业的管理理念与原则是很重要的，重才而不迁才，明确告知应聘者哪些事情是企业可以满足的，哪些是不能满足的，这样才能确保人才真正融入企业，能认可企业的管理机制，而非企业管理机制因个人而改变。

问题37：如何做好入职体检审查？

员工身体健康是公司最大的财富，也是公司得以稳定发展的保证，为确保入职员工身体健康满足岗位的要求，要求入职员工必须进行体检并向人力资源部提交报告进行存档。

1.入职体检的意义

入职体检是专项体检之一，旨在通过体检保证入职员工的身体状况适合从事该专业工作，在集体生活中不会造成传染病流行，不会因其个人身体原因影响他人。

劳动者的身体状况不仅关系到工作能力，更为重要的是关系到企业的用工成本。在劳动合同履行过程中劳动者患病的，即使入职前就存在该潜在疾病或职业病，新用人单位仍将可能对此承担责任，这大大增加了企业的用工风险。

因此，用人单位应要求应聘者在入职前提供体检证明，并指明需要检查的项目，但要注意不能有对乙肝携带者的歧视等。

2.体检指标的设置应符合法律规定

用人单位可以了解与工作相关的员工的身体情况，但不得以体检不合格拒绝录用，且体检指标的设置应当符合法律规定。

《中华人民共和国劳动合同法》（以下简称《劳动合同法》）第八条规定，用人单位有权了解劳动者与劳动合同直接相关的基本情况，劳动者应当如实说明。为此，用人单位通过体检报告了解员工必要的身体情况有相应法律依据。就该体检信息，用人单位除应当承担保密义务外，对于部分体检事项，除非劳动者同意，否则不得强行要求检查，更不得以某些疾病作为不录用的理由。

健康条件、体检标准并非用人单位可以随意设置，用人单位对录用劳动者的身体状况设定相应的健康条件或体检标准，不得违反法律法规的规定。

3.健全体检审查制度

企业必须建立健全规范的体检制度（包括岗前、岗中、岗后），岗前体检即入职体检，入职体检要针对不同的岗位选择不同的体检项目，特别是职业病容易发生的岗位要做专门的职业病体检，以核实是否存在潜在的疾病和职业禁忌等。

（1）入职以前，不能涉嫌推断、歧视或侵犯个人隐私，一切用体检结果说话。

（2）在体检实施环节，企业要与医院配合互动，全程派人跟踪落实，避免替检现象发生。

（3）体检结果出来后要及时告知本人，并对体检结果进行保密，不符合录用条件的应婉言谢绝。

企业建立健全完善的体检制度和体检流程是入职体检审查结果准确的基本保证。

问题38：如何发放录用通知书？

这是人员招聘的最后一个工作环节，这一环节包括以下四项工作。

1.确定录用名单

就是将多种考核、测试及体检的结果相结合，确定最适合职位要求的员工名单。

2.发出录用通知

对于录用人员，可以书面形式或者电话通知的形式，通知求职人员上岗。对于企业招聘的高级人才，人力资源部还有必要为其提供聘用意向书，以电子邮件、信函的方式送至求职人员手中。

在新进员工上岗前，最好给每位新进员工发一份到岗通知书。如果因为招聘量过大，逐一发放到岗通知书工作量过大，可采用电话通知上岗的方式进行。

一份完整的录用通知一般包括如图3-11所示的几项内容。

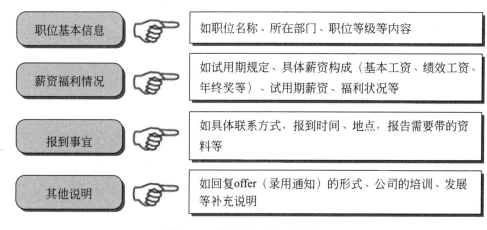

图3-11　录用通知应包含的内容

> **特别提示**
>
> 关键的录用条件、薪酬待遇等条款要清楚、无歧义；不允许出现模棱两可的情况，否则就是存在失责行为。

下面提供一份录用通知的范本，仅供参考。

🔍【范本】▶▶▶ --

录用通知

尊敬的_____先生/女士：

您好！很高兴通知您，根据您在应聘过程中的出色表现，经过公司慎重评估及审核，我公司决定正式录用您，我们真诚地欢迎您加入！

以下是具体事宜。

一、入职部门：_____。

二、入职岗位：_____。

三、工作地点：_____。

四、劳动关系：

拟与您签订劳动合同期限____年，试用期____个月（可根据实习期表现申请提前转正），合同签约之日算起。

五、薪资情况：

1.试用期税前薪资_____元/月。

2.合同期税前薪资_____元/月。

3.年终奖根据当年公司营业情况，最少为____个月基本工资。

六、报到情况：

1.报到时间：＿＿年＿＿月＿＿日（星期＿＿）＿＿点。

2.报到地点：＿＿＿＿＿＿＿＿＿＿＿＿＿＿＿＿＿＿＿＿＿。

3.报到联系人＿＿＿＿＿＿＿＿＿，联系电话＿＿＿＿＿＿＿＿＿＿。

4.报到携带证件：

A.身份证原件与复印件各一份；

B.毕业证原件与学位证原件；

C.与原单位解除劳动关系证明；

D.1寸彩色免冠照片2张；

E.××银行卡及复印件。

七、其他事项：

1.在收到本录用通知后，如接受聘用，请于＿＿年＿＿月＿＿日前通过报到联系人电话回复接受本通知内容，并确定报到时间；如未在指定时间内回复，视为自动放弃。

2.根据我公司管理制度有关规定，持不实证件者，公司有权无责任解除与您的劳动关系。

3.通知未被录用者

很多企业对未通过面试的人员不予理睬，这是一种不礼貌的行为。正确的做法是：对于外部求职人员，在确认求职人员不适合岗位要求后，可以礼貌地发一封邮件或以短信方式（绝大部分求职人员目前都有的通信方式）告知。

对于内部推荐人员，则应分别告知推荐人和求职人员不录用的情况，根据实际情况婉转谢绝。对于内部求职人员，可以发邮件告知："感谢您应聘×××部×××岗位，经过慎重筛选和比较，觉得您的情况暂时与岗位要求不一致，因此暂不考虑录用。公司仍会积极地为内部员工创造发展的机会，欢迎您继续争取！"

礼貌地通知可以最大限度降低对求职人员的伤害，当然，对于不同的求职人员，人力资源部也可以在此基础上采取一些更个性化的回复。

4.签订劳动合同

在请新进员工签订劳动合同前，一定要查看新进员工与原单位解除劳动关系的证明，并核查签订劳动合同人员的身份证原件，以防引发不必要的劳动关系纠纷。关于劳动合同的签订与管理将在本书的第六个月中详细介绍。

第二周　员工报到与试用

员工经录用后，在一定的日期内要报到上班。在这期间，人力资源部需要把员工领入企业大门。

问题39：如何接受新员工报到？

1.新员工报到当天准备工作

在录用者报到受理日前，HR可依事先制订好的受理计划表，再度确认受理程序。短时间内做好早会介绍程序的再确认、报到手续结束后的借用或分发物品的再检查。人力资源部作为受理负责部门，在当天一定要留意以下事项。

（1）当天要比平常提早到企业。因有些新员工会早到企业，接受报到的人力资源部一定要有所应对。

（2）不要让新员工徘徊失措，一定要准备好新员工休息室。

（3）休息室里放置黑板，公布这一天的所有预定行程。

（4）休息室里可摆饰些插花或盆景等。

2.办理新员工入职手续

对于新员工的入职手续办理，每个企业都有自己的标准和流程，人力资源部应安排专人按企业的规章制度做好新员工入职手续的办理。

问题40：如何做好新员工入职提引？

（1）帮助新员工安排好工作准备事宜，包括办公座位、办公用品、姓名牌、名片、出入卡、内部通讯录、紧急联络表、电话设置、电脑设置（包括E-mail的申请开通）等。

（2）告知新员工需要用到的信息，如各部门的布局、最常用的电话、E-mail的使用指南、岗位设备的使用等。

（3）告知新员工公司茶水间、洗手间的位置，公司周边环境的交通线路，以及外卖是否送上门，这些都可以跟员工提及，让新员工感受到HR的贴心。

（4）向全体员工介绍新员工及他的工作范围，向新员工介绍与他工作相关的人员。

（5）每位员工都或多或少，有他自己的小个性，一些相处注意事项也可以跟新员工提及以避免误会。

（6）直属上司的工作风格可以跟新员工提前说明，让新员工能尽早适应所属上司的工作方法。

问题41：如何加强员工试用期的引导？

新员工初入职时，大多会面临着很多压力，在与新工作、新团队的磨合中，容易造成新员工流失的影响因素主要有如图3-12所示的三种。

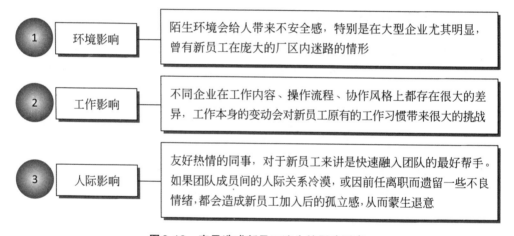

图3-12　容易造成新员工流失的影响因素

综合如图3-12所示的三方面因素，企业可以从以下几个方面加强试用期员工的引导和保留。

1.助力熟悉环境，减轻入职压力

新员工入职后的前两周是适应期中压力最大的阶段，如果企业能够充分利用好这个契机开展引导工作，可以大大提高新员工的稳定度。具体措施如图3-13所示。

2.工作引导，协助进入角色

新员工加入时，无论是从事与以往相同的岗位工作，还是职位上有所提升，都面临对新工作的重新认知和定位，企业人力资源部门在这个时间点上必须做好如图3-14所示的四项工作。

通过入职培训，带领新员工了解企业的整体情况，传输企业文化、价值观念、规章制度及远景规划

组织新员工参观企业各类工作生活设施、职能部门

有条件的企业，在面对大批量员工入职时可以考虑组织新员工欢迎会，多种形式地展现和谐的工作环境，帮助新员工熟悉企业

图3-13　帮助新员工熟悉环境的措施

1 明确岗位内涵

让新员工清晰了解自己的岗位职责、工作汇报路线、工作任务和计划安排，使新员工知道做什么和如何做

2 告知企业薪酬及绩效制度

让新员工了解本岗位绩效考核标准、评价方法以及企业的薪酬与激励机制，从而更加明确工作的目标和方向

3 关注人岗适配度

在试用期，人力资源部要及时与新员工本人及其直接主管保持沟通，进一步掌握新员工自身素质与岗位要求间的匹配程度，有针对性地安排相应的培训，使之快速适应岗位的要求

4 介绍内部晋升机制

为员工制定合理的职业规划，对于初入职场的新员工尤其重要。通过介绍企业培养和选拔方式，让新员工更加清楚晋升路线和条件，从而更有目标地进行个人奋斗

图3-14　协助新员工进入角色的措施

3.加强沟通，融入团队合作

新员工在试用期不可避免会遭遇各种各样的困难，如果没有及时沟通，困惑、焦虑、无助的情绪就会不断积累，最终摧垮新员工完成试用期的信心。如果单纯依靠转正前的考核沟通，往往是于事无补。

因此，在实践工作中，采取"321"的沟通频率可以产生非常好的效果。所谓"321"沟通，即指在员工入职的第一个月安排三次的面谈交流，第二个月为两次，余下四个月每月进行一次。沟通由直接主管、HR和新员工三方共同参与，及时准确地掌握新员工的思想动态和实际困难，可以更好地帮助他们缓解新工作带来的压力。

4.选好引路人，度过试用期

常言道："师傅领进门，修行靠个人"。究竟谁更适合担任新员工的"师傅"，是直线主管还是HR？众所周知，企业招募的新员工，通常分散在各个业务部门，他们的直接主管是与之接触最为频繁的对象，因此，直线主管是最佳的引路人。作为人力资源部来讲，在新员工的管理中，应重点关注试用期管理体系的构建、直线主管引导新人的技能培训和发挥沟通间的桥梁作用。

在条件成熟的企业中，可以考虑建立HR、直线主管、平级同事的三维伙伴团队，共同关注新员工，使之沟通时有渠道、工作上有指导、生活上有关怀，协助他们更加快速地融入企业，平稳地度过试用期。

 相关链接

试用期限的规定

《劳动合同法》第十九条有如下规定。

"劳动合同期限三个月以上不满一年的，试用期不得超过一个月；劳动合同期限一年以上不满三年的，试用期不得超过二个月；三年以上固定期限和无固定期限的劳动合同，试用期不得超过六个月。

同一用人单位与同一劳动者只能约定一次试用期。

以完成一定工作任务为期限的劳动合同或者劳动合同期限不满三个月的，不得约定试用期。

试用期包含在劳动合同期限内。劳动合同仅约定试用期的，试用期不成立，该期限为劳动合同期限。"

因此，企业是不能超标准约定试用期的，超过法定部分的无效，企业还有可能面临行政处罚和赔偿金，违法约定试用期已履行的，按照试用期满月工资为标准，按违法月数向劳动者支付补偿金。对于企业来说，因更多将眼光放在如何巧妙设置合同期限，使试用期最长，试用期选择最好避开节假日，这样考察员工的时间就可相对较多。

试用期的延长是存在一定法律风险的，延长试用期并不是企业单方就可以行使的权利，而是必须和员工协商一致的结果。因此在延长试用期时，以下几点需要引起用人单位注意。

1.延长期限不要超过法律规定

试用期的延长不要超过法律规定的期限，这是延长试用期的前提。如果超过法律规定的期限，即使企业有与员工协商一致的书面协议，发生争议时，仍然会被裁

定违法，承担相应法律责任。

2.应当在试用期届满前提出

其一，劳动合同双方当事人任何一方认为需要延长试用期的，必须在劳动合同生效后、在试用期届满前提出。前者是提出延长试用期的存在要件，只有在劳动合同生效后，双方已经约定了试用期限，并在此基础上才能提出延长试用期的意向，后者是提出延长试用期的合法要件，必须在试用期届满前提出，如果试用期届满再提出延长试用期，为二次约定试用期，违反《劳动合同法》强制性规定。

其二，用人单位与劳动者订立劳动合同，双方约定无试用期的，在用工之日前，双方当事人任何一方均可向对方提出增加试用期的意向；用工之后，则不得再提出增加试用期，如前所述，约定试用期并非法律强制性规定，用人单位开始用工后，表示放弃了对劳动者进行试用的权利，不得再向劳动者提出增加试用期。

3.保留好书面协议

因延长试用期属于对劳动合同的变更，如果缺少员工的书面签字，将变成企业的单方行为，若员工日后提起仲裁，或对此产生争议，企业仍然难逃违法的法律风险。

4.经双方当事人协商同意

《劳动合同法》第三十五条规定："用人单位与劳动者协商一致，可以变更劳动合同约定的内容。"可见，变更劳动合同是法律赋予合同双方当事人的权利，是授权性规范，并非法律强制性规定。

在实务中，用人单位和劳动者任何一方，认为需要延长试用期的，均可以向对方提出意向（一般是用人单位向劳动者提出），发出要约，对方在接到要约后，做出相关意思表示，或拒绝，或同意，或进一步协商，无论哪种意思表示，双方当事人都应当在完全自愿的前提下，表达自己的真实意思。需进一步协商延长试用期的，双方当事人应当就延长的相关期限、待遇等，依照平等自愿、诚实信用的原则，进行充分的沟通，任何一方不得将自己的意思强加在对方身上。任何一方不同意延长的，另一方不得单方面延长。

问题42：如何做好新员工提前转正与辞退？

1.试用期转正

《劳动合同法》对员工试用期作出了规定，企业与职工约定试用期不得超过规定，试用期结束后，能不能转正由企业与员工协商。

一般按企业正常的用人规定，经过试用，新进员工试用的结果有可能是提前转正、按期转正或辞退，而这都要按程序进行。

对于试用期间表现优异、事迹突出、试用期考核成绩为优秀的新进员工，用人部门可申请为其办理提前（或按期）转正。由部门主管填写新进员工试用期转正考核表，经总经理审批后交人力资源部。

2.试用期解除合同

有的企业认为，试用期间既然是双方互相了解的过程，那么就可以随时随意解除，其实这种想法也是错误的。

（1）解除合同的条件。

《劳动合同法》第三十九规定："在试用期间被证明不符合录用条件的，用人单位可以解除劳动合同。"根据此条规定，用人单位以劳动者试用期不符合录用条件为由解除劳动合同的前提条件，是劳动者处于试用期内。如果不符合这个前提条件，那么用人单位不能以此为由解除劳动合同。

因此，用人单位试用期解除合同不能随意为之，必须符合法律规定的条件，否则，属于违法解除劳动合同，须支付经济赔偿金。具体而言，试用期解除劳动合同须符合如图3-15所示的要件。

1 用人单位需要在劳动者入职时明确约定录用条件

既然约定了试用期，用人单位应根据本单位的经营状况，应制定相应的考核标准和录用条件，该考核标准和录用条件要合法、明确、具体，可操作

2 用人单位有不符合录用条件的证据证明

用人单位以劳动者不符合录用条件为由解除劳动合同的，必须要对不符合录用条件进行举证，这是用人单位理应承担的举证责任

3 不符合录用条件，用人单位解除劳动合同必须在试用期内提出

不少用人单位，在试用期结束后随意延长试用期，或者在试用期结束后才通知劳动者不符合录用条件，这样明显属于违法解除劳动合同

4 用人单位需要书面通知劳动者

根据《劳动合同法》第三十九条的规定，用人单位要有已经通知劳动者解除劳动合同的证据，否则劳动者不认可解除的，劳动关系一直存在，试用期过完了之后，再以不符合录用条件为由解除的，构成违法解除劳动关系

图3-15 试用期解除劳动合同的要件

（2）解除合同的程序。

《劳动合同法》第二十一条规定，在试用期中，除劳动者有本法第三十九条和第四十条第一项、第二项规定的情形外，用人单位不得解除劳动合同。用人单位在试用期解除劳动合同的，应当向劳动者说明理由。

用人单位在试用期内解除劳动合同的程序如图3-16所示。

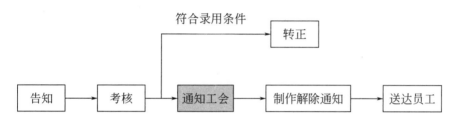

图3-16 用人单位在试用期内解除劳动合同的程序

图示说明：

企业需要告知员工录用条件，在告知的基础上进行考核；经过考核符合录用条件的，给予转正；对于不符合录用条件的员工，企业不能直接解除劳动合同，必须先通知工会。有工会的通知本企业工会，没有工会的通知企业所在地的基层工会，听取工会意见后，企业才能正式进入解除劳动合同程序，制作解除劳动合同通知书，送达员工，这样才是一个不符合录用条件解除的完整流程。

（3）是否需要支付经济补偿。

如果是试用期内被证明不符合录用条件，用人单位因而解除劳动合同的，不需要支付经济补偿金。

用人单位在录用劳动者时，应当向劳动者明确告知录用条件，用人单位在解除劳动合同时应当向劳动者说明理由及法律依据。如果用人单位有证据证明在招聘时明确告知劳动者录用条件，并且提供证据证明劳动者在试用期间不符合录用条件，那么，用人单位就可以依据《劳动合同法》第三十九条第一项的规定与劳动者解除劳动合同，且不需要支付经济补偿金。

劳动者不符合录用条件的情况主要有如图3-17所示的情形。

劳动者违反诚实信用原则，隐瞒或虚构自身情况，且对于履行劳动合同有重大影响，包括：提供虚假学历证书、身份证、护照等，对个人履历、知识、技能、健康等个人情况说明与事实有重大出入

在试用期间存在工作失误的，对此认定可以结合劳动法相关规定、劳动合同约定、规章制度规定等

图3-17　劳动者不符合录用条件的情况

如果试用期内解除劳动合同是依据《劳动合同法》第四十条规定，那么，用人单位就应当向劳动者支付经济补偿。《劳动合同法》第四十条是用人单位无过失性辞退劳动者的情形，因此需要支付经济补偿的。

第三周　员工异动管理

企业的员工异动管理一般包括员工的晋升、降职、岗位轮换、内部调动等方面。员工的流动决定权不一定完全在人力资源部，但相关的许多事务却是由人力资源部去处理的。

问题43：员工降职如何处理？

降职是指员工由原来的职位降低到比原来低的职位。降职，无论对于员工还是企业，听上去都是一个沉重的话题。降职犹如一把双刃剑，如果处理得当，降职将有效引导员工的行为，对企业发展有利；如果处理不当，则被降职的员工轻则离职而去，重则在企业中混淆视听，散布言论，给企业文化环境造成不良影响。

1.降职的原因

降职的原因一般有如图3-18所示的几种。

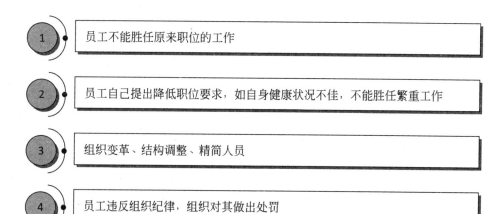

1　员工不能胜任原来职位的工作

2　员工自己提出降低职位要求，如自身健康状况不佳，不能胜任繁重工作

3　组织变革、结构调整、精简人员

4　员工违反组织纪律，组织对其做出处罚

图 3-18　降职的原因

2.降职处理技巧

（1）明升暗降。不胜任员工获得阶层上的提升，有时连薪资也没有增加，只是被冠上一个较高的新头衔，然后被调到"偏远的角落"去。

（2）长时间不晋升，使员工主动辞职。

3.做好降职计划

如果公司希望降职处理的员工继续留下来工作，就需要仔细考虑并投入相当多的时间和精力去制订一个让他们留下来的计划。计划的内容如下。

（1）如果在可能的情况下，要在采取行动之前与即将被降职的员工进行交流，这样可以使他们不至于过于震惊。

（2）与即将被降职的员工进行的交流一定要彻底。

（3）在降职决定执行之后继续保持与被降职员工的交流。

（4）确保被降职的员工能够得到高级管理层的关注。

（5）让被降职的员工做有意义的工作。

（6）为了让被降职的员工继续留下来，要制订一个奖励计划。如果你决定对某名员工进行降职处理真的是迫于外部环境的压力，应该考虑到这一点。

（7）如果伴随着职位的下降，被降职的员工的收入也会下降，那么就给他们提供一定的过渡薪水。

4.降职员工管理

被降职的员工一般会有三种心态，对不同心态有不同的应对方法，如表3-3所示。

表3-3　被降职员工的心态及应对方法

序号	心态	应对方法
1	觉得没面子，在同事面前抬不起头来，在亲属朋友面前无法交代	应给予更多关心与呵护，多鼓励，多沟通。尤其是当员工在新的岗位上做出成绩后，更要及时反馈，以增强其自信心
2	不服组织处理结果，认为不是自己的原因，找理由归因于外	要给予明确的批评与教育，并说明不做自我反思的后果，帮其重新认识自我，然后视其行为改变情况再行处理。对冥顽不改，不做反思的，必须与其解除聘用协议，不可再用；对有所认知与进步的，可与第一种情况等同对待
3	积极调整心态，勇于面对挫折和挑战	持第三种心态的员工是企业应着重培养的对象，人力资源部应该更加关心和爱护，对他们过去有贡献的方面给予适当肯定，还要与其一同深刻剖析自我，认知自我，调整心态，对其进行能力培养

问题44：员工晋升如何处理？

1.晋升制度

良好的晋升制度，可以更有效运用个人在工作或训练中所发展出的技术与能力，更可作为激励员工增进能力与绩效的工具。晋升制度应包含以下内容。

（1）晋升的条件。

（2）晋升的时间安排。

（3）晋升操作程序。

（4）晋升核定权限。

（5）晋升手续的办理。

（6）其他。

2.晋升程序

一般来说，员工的晋升需要经过以下几个程序，如图3-19所示。

3.建立人才储备档案

为了能经常而准确地了解企业内部员工的构成状况，人力资源部应建立一套人员储备档案。通过这个档案，可以方便地选择晋升对象，使整个晋升活动有计划地进行。这套档案系统应包括如图3-20所示的内容。

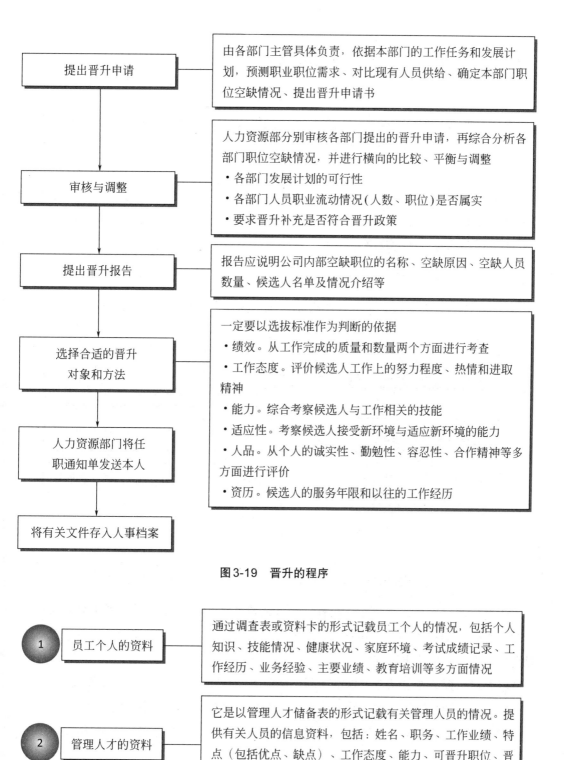

图 3-19　晋升的程序

通过调查表或资料卡的形式记载员工个人的情况，包括个人知识、技能情况、健康状况、家庭环境、考试成绩记录、工作经历、业务经验、主要业绩、教育培训等多方面情况

它是以管理人才储备表的形式记载有关管理人员的情况。提供有关人员的信息资料，包括：姓名、职务、工作业绩、特点（包括优点、缺点）、工作态度、能力、可晋升职位、晋升预期时间、还需改进的方面等

图 3-20　人才储备档案系统的内容

问题45：员工岗位轮换如何处理？

岗位轮换，也称职务轮换，是企业有计划地按照大体确定的期限，让员工或管理人员轮换担任若干种不同工作的做法，从而达到考察员工的适应性和开发员工多种能力的目的。

职务轮换是通过横向的交换，使管理人员或员工从事另一个岗位的工作。使他们在逐步学会多种工作技能的同时，也增强其对工作间、部门间相互依赖关系的认识，并产生对组织活动的更广阔的视野。

1.岗位轮换的类型

岗位轮换，一般来说，主要有如图3-21所示的几种类型。

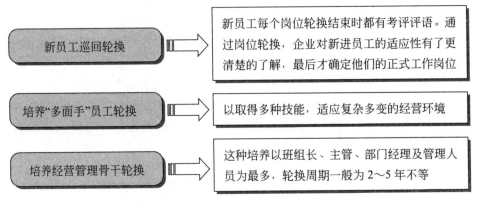

新员工巡回轮换 → 新员工每个岗位轮换结束时都有考评评语。通过岗位轮换，企业对新进员工的适应性有了更清楚的了解，最后才确定他们的正式工作岗位

培养"多面手"员工轮换 → 以取得多种技能，适应复杂多变的经营环境

培养经营管理骨干轮换 → 这种培养以班组长、主管、部门经理及管理人员为最多，轮换周期一般为2～5年不等

图3-21 岗位轮换的类型

2.实行岗位轮换时可能出现的问题

在推行岗位轮换的制度中，也存在很多困难和阻力。每年大量的人事横向流动是很麻烦的事情，加重了人力资源部门的负担，给业务部门的工作也造成一定的影响。以下是岗位轮换制中可能出现的问题。

（1）对掌握某些复杂专业技术不利，可能使这类技术水平降低或停止发展。

（2）对保持和继承长期积累的传统经验不利，可能使工作效率降低。

（3）因故未能及时参加轮换可能造成职工"错过班车"的感觉而影响情绪。

（4）常常由于业务上的需要而不能如期进行轮换。

（5）岗位轮换必然相应引起职务工资变动，可能影响员工收入或使工资计算复杂化。

（6）各部门有本位主义思想，不愿意放走骨干员工。

（7）轮换之前没有做好必要的培训准备，进行岗位轮换的员工都成了新手。

3.岗位轮换的注意事项

针对以上问题，在实行轮换制度时，要注意以下事项。

（1）在实施之前应建立完整的各项职位的岗位说明书以及作业流程书。

（2）有些工作性质完全不同的职位是无法轮换的，如行政、财务人员调到技术开发部门，这是行不通的。有的大公司配有医务人员，也是万万不能换其他人来尝试一下的。

（3）有的职位过于敏感或有高度机密性，也不适合经常调动。

（4）调动之前要征求员工意见，对于不愿意换岗位的员工也不要勉强，否则一旦调动他就辞职，公司反而要损失人才。

问题46：员工内部调动如何处理？

内部调动指的是员工的职位等级不变，只是职位的平行异动，比如从行政部经理调至生产部任经理。

1.调动的审批

人员调动，不管是当事人请调，还是单位内调，或是出于某一方主管的意愿，都应该填写人事异动单，由调出部门向人力资源部索取空白表，填妥相关内容送双方主管签核后，交人力资源部签注意见并呈交上级核准，人力资源部如有不同的意见，应先向双方主管表达不同意见的理由，或有更适合的人选等，给予更好的建议，希望双方主管采纳，如无法达成协议，则以不同的意见呈交上级主管裁示。

2.调动的通知

对于调动的人员在调动之前也要发出书面通知，告知其要办理哪些手续，什么时候离开现任岗位，什么时候到新岗位报到就职等。

第四周　员工离职管理

对于企业来说，离职人员多且频繁，对企业的生产或服务质量及正常运作往往会造成重大影响。所以，人力资源部要对员工离职管理进行研究和分析，把离职造成的损失降到最低。

问题47：如何辞退员工？

辞退、裁减员工是人力资源经理必须处理，又是最难处理的工作。辞退员工时处理不当，很容易引发劳动纠纷甚至对簿公堂，对公司正常营运产生深远的影响。

1.在什么情况下可做出辞退决定

为了避免因为辞退而产生劳动纠纷，对员工做出辞退决定时一定要认真研究相关法规，所做出的辞退决定必须符合劳动法的规定。

相关链接

用人单位解除劳动合同的情形

1.协商解除劳动合同

用人单位与劳动者协商一致，可以解除劳动合同。

2.过失性辞退

劳动者有下列情形之一的，用人单位可以解除劳动合同：

（1）在试用期间被证明不符合录用条件的；

（2）严重违反用人单位规章制度的；

（3）严重失职，徇私舞弊，给用人单位造成重大损害的；

（4）劳动者同时与其他用人单位建立劳动关系，对完成本单位的工作任务造成严重影响，或者经用人单位提出，拒不改正的；

（5）因《劳动合同法》第二十六条第一款第一项规定的情形致使劳动合同无效的；

（6）被依法追究刑事责任的。

3.无过失性辞退

有下列情形之一的，用人单位提前三十日以书面形式通知劳动者本人或者额外支付劳动者一个月工资后，可以解除劳动合同：

（1）劳动者患病或者非因工负伤，在规定的医疗期满后不能从事原工作，也不能从事由用人单位另行安排的工作的；

（2）劳动者不能胜任工作，经过培训或者调整工作岗位，仍不能胜任工作的；

（3）劳动合同订立时所依据的客观情况发生重大变化，致使劳动合同无法履行，经用人单位与劳动者协商，未能就变更劳动合同内容达成协议的。

4.经济性裁员

有下列情形之一，需要裁减人员20人以上或者裁减不足20人但占企业职工总数10%以上的，用人单位提前30日向工会或者全体职工说明情况，听取工会或者职工的意见后，裁减人员方案经向劳动行政部门报告，可以裁减人员：

（1）依照企业破产法规定进行重整的；

（2）生产经营发生严重困难的；

（3）企业转产、重大技术革新或者经营方式调整，经变更劳动合同后，仍需裁减人员的；

（4）其他因劳动合同订立时所依据的客观经济情况发生重大变化，致使劳动合同无法履行的。

裁减人员时，应当优先留用下列人员：

（1）与本单位订立较长期限的固定期限劳动合同的；

（2）与本单位订立无固定期限劳动合同的；

（3）家庭无其他就业人员，有需要扶养的老人或者未成年人的。

用人单位依照本条第一款规定裁减人员，在6个月内重新招用人员的，应当通知被裁减的人员，并在同等条件下优先招用被裁减的人员。

5.用人单位不得解除劳动合同的情形

劳动者有下列情形之一的，用人单位不得依照本法第四十条、第四十一条的规定解除劳动合同：

（1）从事接触职业病危害作业的劳动者未进行离岗前职业健康检查，或者疑似职业病病人在诊断或者医学观察期间的；

（2）在本单位患职业病或者因工负伤并被确认丧失或者部分丧失劳动能力的；

（3）患病或者非因工负伤，在规定的医疗期内的；

（4）女职工在孕期、产期、哺乳期的；

（5）在本单位连续工作满15年，且距法定退休年龄不足5年的；

（6）法律、行政法规规定的其他情形。

2.如何做到正确辞退员工

（1）试用期内不得随意辞退员工。要辞退试用期内的员工，必须把握"不符合录用条件"的原则。

（2）辞退有过错的员工应有事实依据和制度依据。

（3）辞退无过错的员工要提前通知和支付经济补偿金。

（4）经济性裁员必须符合法定条件并履行法定程序。

（5）注意一些不能辞退员工的特殊限制，如女员工在孕期、产期、哺乳期内不得辞退。

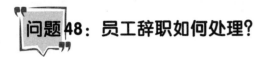

问题48：员工辞职如何处理？

辞职是指根据员工本人意愿，与企业解除劳动合同，退出企业工作的行为。与晋升、辞退和降职不同，辞职是员工方面主动要求脱离现任职务的人才流动。

1.辞职申请

员工必须按公司规定提前提交辞职申请书。

2.挽留程序

接到辞职申请的直接主管应当与辞职员工进行沟通。对于工作称职、业绩良好的员工，尽量进行挽留，并了解其辞职的原因、寻找解决的办法，从而减少企业因员工流失而造成的损失。如果直接主管挽留无效，则可由再上一级主管人员审核是否需要挽留并根据情况再进行挽留谈话。企业还可在批准离职前为员工提供收回辞呈的机会，以便最大限度地挽留人才。

3.辞职审批

（1）经挽留无效或没有挽留必要的员工，可以进入辞职审批流程，按照企业组织程序进行审批。

（2）完成审批流程后，应将有关书面文件交人力资源管理部门确认。

4.工作交接

（1）人力资源部收到书面审批文件后，通知有关部门主管安排进行辞职员工的工作交接。

（2）交接工作完成后，应由有关交接人员和负责人书面确认，方可视为交接完成。

5.离职面谈

工作交接完成后，应由人力资源部门或公司指定的负责人与辞职员工进行离职面谈，听取离职员工的建议、意见和看法。

6.办理离职手续

离职面谈结束后，由人力资源部门为辞职员工办理办公用品清点、出具工作证明、解除劳动关系和工资福利结算等手续；手续完成后，辞职员工方可正式离职。

问题49：如何开展离职面谈？

离职面谈是指在员工离开企业时，有针对性地与员工进行谈话。离职面谈不能漫无目的、随心所欲地进行，要达到好的效果，就要先进行离职面谈表的设计。表中的内容可以根据企业的不同情况而变化，但有如下几个基本的内容是不可忽略的。

1.离职原因

离职原因询问是面谈中必不可少的一部分。该部分问题的形式可以是开放式的，也可以设计为封闭式的选项，但最好使用开放式的提法，因为这样可以给回答者留出足够的空间，如下所示。

（1）您辞职的原因是什么？

（2）薪酬问题是否是您申请辞职的原因？

2.对所负责工作的评价

在面谈中，离职员工可能会因为心存顾虑而不愿说出真正的离职原因，因而应有针对性地询问其对所负责工作的评价，以此获得较为详细的材料。也可以从离职员工的谈话细节当中推测其离职的真实原因，同时从侧面了解公司的工作安排和职务设计的合理性。

（1）您认为公司目前给您提供的职位适合吗？

（2）您喜欢您现在从事的工作吗？其中您最喜欢的工作内容是什么？最不喜欢的工作内容是什么？

（3）您现在所做的工作是否是您理想的工作？如果不是，原因是什么？

（4）您认为您能胜任现在的工作吗？如果不是，请说明原因。

（5）您在工作中的困难有哪些？您能克服吗？如果不能，原因是什么？

（6）您认为工作中最大的挑战是什么？您是否喜欢面对这样的挑战？

（7）您需要更多的培训来完成现在的工作吗？

（8）您在现在的工作岗位上有安全感吗？如果没有，原因是什么？

3.对部门的评价

同事关系往往也会很大程度影响员工的稳定性，而且由于很多矛盾是隐性的，管理者往往无法通过表面观察得知。向离职员工了解这方面的问题，可以获得较为真实的资料，对企业及时化解矛盾、改进部门工作有很大的作用。

（1）您是否喜欢现在的工作环境？您认为您能适应吗？

（2）您所在的部门同事关系如何？

（3）您与同事的关系融洽吗？是否有让您难以接受的矛盾？

4.对直接主管的评价

了解离职员工对直接主管的评价，可以从另一个角度评估有关管理者的工作，甚至可以发现一些从未发现的问题。因为平时员工往往不愿表达对主管的负面看法，担心对自己有所影响；但是当他们准备离开公司时，已经没有这方面的顾虑，往往能够说出自己的真实感受。所以可以设计如下问题。

（1）您如何评价您现在的主管？

（2）他/她能够提供您所需要的支持吗？

（3）您和他/她能够及时有效地沟通吗？

（4）他/她对您提出的要求能够激励您努力工作吗？

5.对公司各项政策的评价

离职员工在公司任职期间，对于公司的工作当然也会有自己的看法，了解他们对公司的评价，对于公司改进各项工作肯定会有所帮助，因此在记录表中不妨设置以下问题。

（1）您对公司的制度和规定满意吗？有什么建议和意见？

（2）您对公司的福利满意吗？

（3）是否还有公司可以采取的措施，能够促使您改变您的离职决定？

记录表的内容可以比较简单，也可以设计得比较丰富。你可以根据你的具体情况，设计出适合你需要的离职面谈记录表。

下面提供一份员工离职面谈记录表的范本，仅供参考。

 【范本】▶▶▶ -

员工离职面谈记录表

填表日期：　　年　　月　　日

离职人员姓名		所在部门	
担任职位		员工工号	
入职日期		离职日期	
面谈者		职位	
1.请指出你离职最主要的原因（请在恰当处画"√"），并加以说明		□薪金　　　□工作性质　　□工作环境 □工作时间　□健康因素　　□福利 □晋升机会　□工作量　　　□加班 □与公司关系或人际关系　　□其他：	

续表

2.你认为公司在哪些方面需要加以改善（可选择多项）	□公司政策及工作程序　　□部门之间沟通 □上层管理能力　　　　　□工作环境及设施 □员工发展机会　　　　　□工资与福利 □教育培训与发展机会　　□团队合作精神 □其他：
3.是什么促使你当初选择加入本公司	
4.在你做出离职决定时，你发现公司在哪些方面与你的想象和期望差距较大	
5.你最喜欢本公司的哪些方面？最不喜欢本公司的哪些方面	
6.在你所在的工作岗位上，你面临的最大的困难和挑战是什么	
7.你对公司招聘该岗位的任职者有什么建议	
8.你认为公司应该采取哪些措施来更有效地吸引和留住人才	
9.你愿意在今后条件成熟的时候再返回公司，继续为公司效力吗？简述理由	

问题50：如何构建离职员工关系管理体系？

随着环境变化与观念的更新，员工离职率的提高成为必然趋势，如何看待和处理与离职员工的关系，发挥离职员工的价值，成为企业人力资源管理的新课题。对此，人力资源部可从以下几个方面来构建离职员工关系管理体系。

1.完善离职面谈管理制度，发挥离职面谈的先驱作用

从员工向企业提出离职开始，就意味着离职员工关系管理正式启动，而最先做的就是要与离职员工进行面谈交流，这需要企业建立健全一套完整的离职员工面谈制度，具体措施如图3-22所示。

2.依据价值大小划分不同等级，对离职员工实行分级管理

企业需要按照离职员工对企业价值大小的不同，对离职员工进行"ABC"分类分级管理，具体步骤如图3-23所示。

企业要尊重员工，彰显"以人为本"的管理思想。面谈内容从离职员工切身利益的话题切入，如关心员工在企业的工作感受、工作中是否遇到困难，企业能够为其提供什么帮助等，表现出对离职员工的尊重与关怀，获取离职员工心理上的不舍与感恩

 离职面谈要在轻松愉快的氛围中进行，面谈者少说多听，尽可能地引导离职者无所顾忌地说出内心最真实的想法，以帮助企业了解员工离职的真正原因，发现企业管理的不足等

 面谈结束后，应认真整理面谈内容，根据离职员工的建议，提炼出对企业现有政策、管理制度等的改进方法，促进企业的良性发展

图3-22　完善离职面谈管理制度的措施

 根据离职员工的能力、职位以及对企业影响力等指标划分出A、B、C三个等级，并清楚界定三个等级的评价标准

 对员工的价值进行衡量，并"对号入座"。一般情况下，被动离职的员工划入C类，而主动离职的员工则对比评价标准和员工实际情况，分别放入A、B等级

 对离职人员的职务、技能等状态进行实时监控和重新评估，以实现员工价值等级的动态调整

 实行分级管理，如对重点的A类员工，企业应重点制定一些"个性化"的管理策略，与其保持密切的联系；对B类员工，企业可以在特殊时期如节假日进行联系和问候；C类员工是企业主动淘汰的员工，只需偶尔维系以保持企业的正面形象，以尽可能地减少他们可能带来的负面影响

图3-23　对离职员工实行分级管理的步骤

3.建立离职员工数据库，保持长期联系

企业可以项目小组的形式，或由企业已有人力资源部门成员通过工作扩大化的方式，设立专门离职员工关系管理岗位，负责离职员工数据库维护相关的工作。这个数据库不仅应包括离职员工的姓名、联系方式、离职去向，还应包括离职人员在岗时的基本情况、离职后的工作状况，甚至是家庭情况等。

比如，麦肯锡咨询公司有一本著名的《麦肯锡校友录》——即离职员工的花名册，

包含离职员工在职基本情况、离职后去向和新的联系方式等，这是一本有名的前雇员信息数据库。麦肯锡咨询公司将员工离职看作"学生毕业离校"，而不是"公司的背叛者"，并每年投入巨资为"毕业生"举办校友联谊会，搭建沟通平台。从麦肯锡离职的员工，大部分成为各行各业的CEO（首席执行官）和高层管理者、各大高校的教授，甚至是政治家，这些离职员工在其今后的个人发展道路上，都不忘在麦肯锡学习和工作的日子，很多成为麦肯锡的潜在客户或行业资源，为公司带来了巨大的回报。

除此之外，企业要对离职后的员工进行实时跟踪调查，及时更新员工的动态信息，以保证企业能够通过数据库有效地对离职人员进行开发与利用，具体措施如图3-24所示。

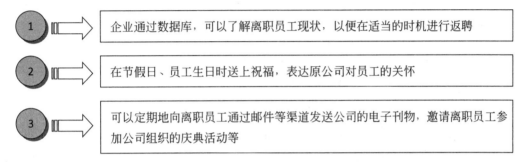

图3-24　通过数据库对离职人员进行开发与利用的措施

以上这些方式，能够实现离职员工与企业的情感维系，加强彼此之间的良性互动，增强归属感，实现双赢。

特别提示

完备的数据库有利于管理人员了解、接近和开发利用离职员工。当然，建立信息库的工作可视企业的规模和需要而定，信息库的规模和复杂程度可大可小。

4.建立离职员工返聘制度，不拘形式，鼓励回来

跳槽的优秀员工重返公司，由于彼此相互了解，信息对称，可以减少用人不当的风险，降低了招聘和培养成本，还会给企业带来新经验和新技术，而且稳定性和忠诚度较高。

企业应该欢迎跳槽的优秀人才重返公司效力，建立离职员工返聘制度，具体措施如图3-25所示。

要知道，雇用一位离职员工所花费的成本往往只是招聘一名新人所需费用的一半。回到自己熟悉的环境，由于对人员、业务流程、管理方式和企业文化非常了解，返聘员工可以很快融入原有的文化，进入发挥自己才能的工作状态，避免了新人进入后从不适应到逐渐适应的磨合期。

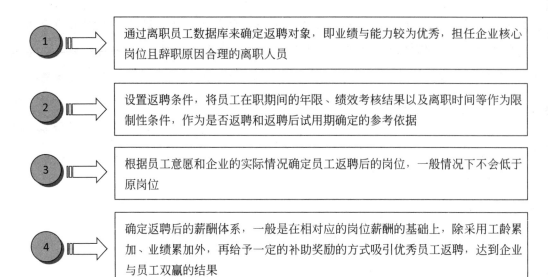

1 通过离职员工数据库来确定返聘对象，即业绩与能力较为优秀，担任企业核心岗位且辞职原因合理的离职人员

2 设置返聘条件，将员工在职期间的年限、绩效考核结果以及离职时间等作为限制性条件，作为是否返聘和返聘后试用期确定的参考依据

3 根据员工意愿和企业的实际情况确定员工返聘后的岗位，一般情况下不会低于原岗位

4 确定返聘后的薪酬体系，一般是在相对应的岗位薪酬的基础上，除采用工龄累加、业绩累加外，再给予一定的补助奖励的方式吸引优秀员工返聘，达到企业与员工双赢的结果

图3-25　建立离职员工返聘制度

另外，返聘员工跳槽后的经历对他们而言是一段宝贵的财富。不同的环境和工作内容进一步锻炼了他们的能力，阅历也随之增加。回归者的选择往往经过深思熟虑，他们对企业的忠诚度也更值得信赖。优秀员工愿意重返企业，也是他们对企业及企业文化的认同。

5.组织离职人员活动，让离职人员自觉为企业贡献力量

企业可以邀请离职人员参加企业组织的集体活动，或者定期组织专门的离职人员活动。活动的内容和目的可以多种多样，既可以是专门的感情联络活动，也可以邀请专业人士讨论某些专业的话题。通过参与这样的活动可以让离职人员感到企业对自己的重视，从而自觉自愿地为企业贡献力量。

以各种形式保持与离职人员的密切联系，维持他们与企业之间的关系，这样在需要的时候，他们就会自然而然地站出来，为企业说话或提供帮助。

第四个月

员工培训管理

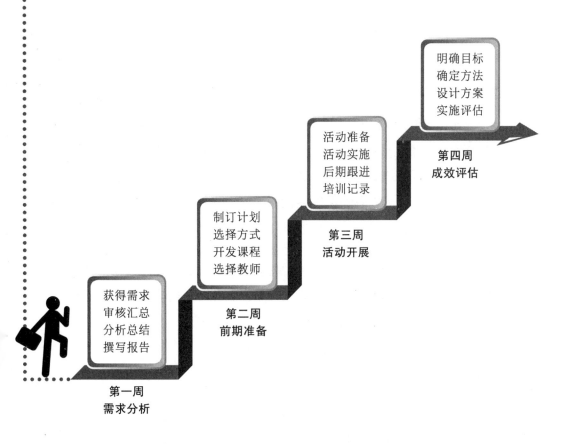

获得需求
审核汇总
分析总结
撰写报告

第一周
需求分析

制订计划
选择方式
开发课程
选择教师

第二周
前期准备

活动准备
活动实施
后期跟进
培训记录

第三周
活动开展

明确目标
确定方法
设计方案
实施评估

第四周
成效评估

第一周　培训需求分析

培训能否为企业带来收益，取决于培训的效果，而培训的效果在很大程度上取决于培训需求分析是否正确。培训需求分析是整个培训管理活动的第一个环节，因此对培训的效果起着至关重要的作用。

问题51：培训需求分析前要做哪些准备？

在进行培训需求分析之前，人力资源部应做好以下一些准备工作，为下一步的培训需求分析工作打好基础。

1.收集员工资料，建立员工培训资料库

人力资源部在平常的工作中应注意收集员工的资料，建成培训资料库。员工资料应当包括培训档案、人事变动情况、绩效考核资料、个人职业生涯规划以及其他相关资料等。员工培训资料库可以帮助自己很方便地寻找员工的背景资料，为员工的个人培训需求分析提供材料，也可以为人力资源开发提供数据。

2.及时掌握员工的现状

人力资源部的职责相对于其他业务部门的人员来说，更像是提供服务的。因此，人力资源部应当把培训对象看作服务对象，及时掌握服务对象的动态，才能更准确及时地提供有效培训。另外，人力资源部要和其他业务部门多沟通、多联系，及时更新和补充员工培训资料库。

3.及时调查培训需求

人力资源部为了及时掌握员工的培训需求，必须依靠企业的各部门提出申请，或者通过人力资源部的调查来获取培训信息。

当你认为有必要进行培训需求调查时，一定要按照企业相关规定向上级主管提出申请，得到许可后才能实施培训需求调查。

问题52：如何获得培训需求？

1.从企业各部门获得

培训需求的信息来源于企业的各个部门，如表4-1所示。

表4-1　培训需求信息一览表

培训需求信息分类		内容	来源
内部信息	组织信息	组织决策者的指导性文件	企业领导层
		新业务开发信息	相关部门
		组织目标和战略规划资料	企业领导层
	部门信息	市场营销部门的客户反馈信息	相关部门
		人力资源部门招聘、调动等信息	人力资源部
		财务部门的经营损耗信息	相关部门
		生产部门的生产情况信息	相关部门
		工作（岗位）说明书	人力资源部
		各部门的具体工作计划	相关部门
	人员信息	员工行为评估资料	人力资源部
		以往培训情况的记录	人力资源部
		员工绩效考核报告	人力资源部
外部信息		培训信息库的外部培训信息	外部培训机构
		专业培训顾问的培训信息	教育机构

　　人力资源部可向各有关部门发出如表4-2所示的培训需求调查表，要求现状与理想状况有差距的部门或员工提出培训需求。

表4-2　部门培训需求调查表

部门：　　　　　　　　　　　　　　　　　　　填表日期：　　　年　　　月　　　日

培训类别	培训内容	是否同意	参加人员			培训方式				
			自愿参加	指定人员参加	部门全体员工参加	课堂授课	在实践中演示	标杆	座谈提问	其他
公共教育										

续表

	培训内容	是否同意	参加人员			培训方式				
			自愿参加	指定人员参加	部门全体员工参加	课堂授课	在实践中演示	标杆	座谈提问	其他
质量认证										
	培训内容	是否同意	参加人员			培训方式				
			自愿参加	指定人员参加	部门全体员工参加	课堂授课	在实践中演示	标杆	座谈提问	其他
业务知识	各部门员工根据各自的岗位特点提出需求									
其他知识	请说明：									

注：1.所列内容仅供参考，在同意的项目栏打"√"，还可列出自己需要的内容，可另附纸说明。

2.请您根据您所在部门职工的需求填写此表，谢谢合作。

3.所有的培训需求请分类注明：（A类）完全由培训部承办，（B类）本部门与培训部联合承办。

2.整合历年培训计划

很多企业每年都开展培训，很多培训项目是重复的。同时，很多人力资源管理人员认为，每年的培训都差不多，没有必要做需求调查。其实不然，同样的课程，尽管历年和今年都开展，但其内容和要求已发生改变，如"有效沟通技巧"去年受训对象是在职员工，而今年可能是新进大学生。

如何整合呢？可以把历年的培训项目列举出来，分析其需要淘汰、维持、改善还是提高，针对需要改善和提高的培训课程是今年考虑的重点。

3.参加各级会议

没有调查就没有发言权，如果人力资源经理对公司的战略、部门的业务和员工的绩效状况不了解，那就无法分析公司与部门级的培训需求。

因而，人力资源经理应与各部门经理约定并排好日程，定期去各个部门参加例会，公司级的会议只要有机会就参加。在例会上，你会发现在业务领域内出现的各种问题，包括与其他系统和部门的沟通协调问题。

4.分析动态绩效曲线

做培训管理，必须要了解公司员工整体的绩效状况，分析每个业务模块内绩效好的员工和绩效差的员工的真正差异在哪，并随时跟踪员工的绩效水平的变化情况，把异常现象随时反馈至各部门。

具体操作时可把公司各部门员工的绩效分数做成曲线形式，以便对他的绩效变化进行分析和比较。同时，针对绩优与绩差的员工要进行访谈，并征询部门经理对员工的评价，梳理出要点，并整合成经验库。一方面可以辅助部门经理进行绩效辅导；另一方面综合公司整体缺口分析，分析出各类培训需求。

5.实施结构化的培训需求调查

培训需求是分层次的，所以实施培训需求调查应该结构化。所谓的结构化，主要有如图4-1所示的两种方式。

 设计针对不同层面的调查问卷，可分为高层、中层和基层三种问卷，针对基层员工，考虑核心重点员工

 调查方式的多元化，培训需求之源主要来自高层，因为高层站的角度是在公司层面，所有的培训资源都应向公司层面的培训倾斜，培训的核心功能体现在推动公司战略实现

图4-1　实施结构化的培训需求调查方式

所以，针对高层除采用问卷调查的方式之外，最好与之面对面交流，要求其提建议，这也是获得高层对培训支持的有力措施；针对中层员工和基层员工则采取问卷调查方式即可。

下面提供一份某公司部门经理培训需求调查面谈问卷的范本，仅供参考。

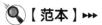【范本】▶▶▶ --

××公司部门经理培训需求调查面谈问卷

1.您对培训部有哪些期望或要求？

_____

2.对您的部门来说，哪些培训项目是最重要和最紧急的？（如：服务技巧、礼节礼貌、沟通技巧、服务程序及标准、安全知识、服务英语等）

_____

_____

_____

3.您所处部门的员工在入职前都参加岗前培训了吗？如果参加了，您认为培训效果如何？没有参加培训是因为何种原因？

_____

_____

4.请您根据本部门的实际情况，按照非常重要、重要、不重要的程度选择以下培训项目，请在相应方框里打"√"。

序号	培训项目	非常重要	重要	不重要
1	公司知识介绍			
2	培训者			
3	安全知识培训			
4	处理客户投诉的技巧			
5	与客户沟通的技巧			
6	如何关注客户			
7	如何与客户保持良好关系			
8	常用管理技巧			
9	时间管理方法			
10	如何评估下属			
11	员工部门内岗位交换培训			
12	员工公司内交换培训			
13	接听电话技巧			
14	计算机知识培训			
15	公司英语初级水平培训			
16	公司英语中级水平培训			
17	日语初级水平培训			
18	礼仪培训			

5.除上述培训项目外，您认为还有哪些培训项目对您的部门或公司是非常必要的或急需的？

_____

_____

6.您本人需要哪些方面的培训？

_____

_____

7.您认为哪种培训方式适合您？

□管理学习　　　　□参观、考察　　　　□半脱产式培训　　　　□脱产培训

□参加短期专项培训班　　　□自学　　　　　　　□其他

问题53：如何审核汇总培训需求？

审核汇总培训需求就是将从各种方法、各种渠道收集来的各类需求信息进行整理汇总，并向相关主管部门进行汇报，如表4-3所示。

表4-3　培训需求汇总表

填报单位或部门：　　　　　　　　　　　　　　填报日期：

序号	需求项目名称	培训类别	培训对象	培训人数	培训师	培训内容	培训教材	培训形式	计划时间	培训学时	培训期数	费用预算	培训机构	联系人	联系电话

联系人：　　　　　　　　　　　　　　联系电话：

如果开展了培训需求调查，则可运用如表4-4所示的培训需求调查汇总表。

表4-4　培训需求调查汇总表

中心		岗位		份数		汇总日期	
1	您在工作中遇到了哪些困惑，希望通过培训得以解决（汇总主要内容）						
2	您认为培训对于集团有哪些作用	提高集团竞争力（＿＿份）；增强员工对集团的归属感、责任感与满意度（＿＿份）；促进集团与员工、管理者与下属的沟通，增强向心力（＿＿份）；培训后备管理人员与技术骨干（＿＿份）　其他＿＿＿＿＿＿＿＿＿＿＿＿＿＿＿（请填写）					

续表

3	您认为培训对自己有什么用	开拓视野（____份）；提高技能（____份）；端正下属的工作态度（____份）；增加知识（____份）；升职、加薪（____份）；增加了和其他同事的沟通机会（____份） 其他_____（请填写）
4	目前影响培训开展的因素是什么	工作太忙，没时间培训（____份）；这些课程对我的工作没用，浪费我的时间（____份）；培训老师讲的都是理论，在实际工作中我用不上（____份）；上级不重视培训（____份）；下属认为培训没用（____份）；培训老师授课水平一般（____份） 其他_____（请填写）
5	您喜欢哪些培训方式	课堂讲授（内训形式）（____份）；外聘专家来集团培训（____份）；外出学习（____份）；读书、自学（____份）；进学校深造（____份）；案例分析（____份）；现场演练（____份）；看录像或电影（____份）；通过做游戏体会实际工作情景（____份）；技术竞赛（____份） 其他_____（请填写）
6	您希望培训时间段安排为	周一至周五上午（____份）；周一至周五下午（____份）；周一至周五晚上（____份）；周六上午（____份）；周六下午（____份）；周日（____份） 其他_____（请填写）
7	您希望每次培训时间为	60分钟（____份）；120分钟（____份）；半天（____份）；一天（____份）；只要有用，我会尽量挤出时间参加（____份）

		您想参加下列哪些课程	
8	质量管理类	自我发展类	管理与领导能力类
	发现与解决问题（____份） 质量小组活动（____份） 内审员提高班（____份） 质量管理体系（ISO 9000）基础知识（____份） 其他：	如何经营自己的未来（职业生涯规划）（____份） 怎样教会徒弟（在岗工作教导技术）（____份） 时间管理（____份） 礼仪与打扮（____份） 其他：	怎样成为优秀的班组长（____份） 怎样让别人接受我的主意（沟通技巧）（____份） 如何给下属下达任务（任务布置）（____份） 让他们充满干劲（有效激励）（____份） 怎样制定目标（____份） 其他：
9	主要培训意见及建议汇总（可附页）		

问题54：如何分析总结培训需求数据？

在各部门上交的培训需求调查表中，有的部门可能填得满满的，甚至还有附页；有的却只是勉强列了两三页而已。其实，这种现象很普遍，在其背后，隐藏着各种原因。培训需求少的部门，未必没有需求，有可能是怕暴露自己的缺点而隐瞒自己的真实需求；而提出很多培训需求的部门，有时也不能反映他们真实的需要，有可能是把培训作为公司提供的福利，或认为是自己应当享受的权利，还有可能把培训作为惩罚和控制员工的资源等。这些隐藏的原因都需要认真去发掘，从而剔除掉虚假的信息，找到真实的培训需求信息。并对培训需求按优先程度排序，然后加以取舍。这一阶段的工作包括以下一些内容。

1.培训需求信息归类、整理

分析的信息来源和渠道不同，信息的形式也有所不同。首先要把收集到的信息进行分类、归档；同时制作一些表格和图示对信息加以处理，如图4-2所示。

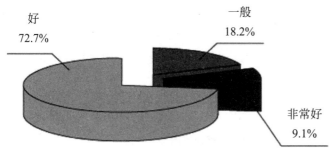

中层领导以下人员有72.7%认为本部门的专业技能"好"，18.2%的人员认为本部门的专业技能"一般"，另9.1%的人员则认为本部门的专业技能"非常好"。

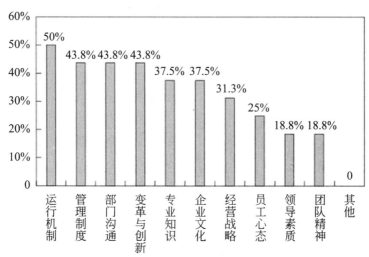

图4-2　培训需求信息分类

从图4-2可以看出，调查对象认为企业目前亟须解决的是运行机制、管理制度、部门沟通、变革与创新方面的问题。因此，需要以加强管理制度的宣传教育，加强对于先进运行机制、沟通、变革与创新方面的培训资源投入。

2.培训需求信息分析、总结

对收集上来的资料进行仔细分析，从中找出培训需求。注意处理好个别需求和普遍需求、当前需求和未来需求之间的关系，结合企业的实际情况，根据培训需求的重要程度和紧迫程度对各类培训需求进行排序。

3.培训需求结果的处理

将培训需求分析的结论形成书面报告，提供给各决策部门参考。可以公开的部分应当向部门或员工公开，并就一些结论与相关部门或人员进行交流。例如，对不能满足的培训需求可以向相关人员提供合理的解释。

问题55：如何撰写培训需求分析报告？

培训需求分析报告是培训需求分析工作的成果表现。其目的在于对培训需求做出解释和评估结论，并最终确定是否需要培训和培训什么。因此，培训需求分析报告是确定培训目标、制订培训计划的重要依据和前提。

培训需求分析报告的内容主要如表4-5所示。

表4-5　培训需求分析报告的内容

序号	内容	具体说明
1	报告提要	简明扼要介绍报告的主要内容
2	实施背景	阐明产生培训需求的原因，培训需求的意向
3	目的和性质	说明培训需求分析的目的，以前是否有类似的培训分析，以前的培训分析的缺陷和失误
4	实施方法和过程	介绍培训需求分析使用的方法，介绍培训需求分析的实施过程
5	培训需求的分析结果	阐明通过培训需求分析得出了什么结论
6	分析结果的解释、评论	论述培训的理由，可以采取哪些措施改进培训，培训方案的经济性，培训是否充分满足了需求，提供参考意见
7	附录	分析中用到的图表、资料

特别提示

撰写分析报告时，在内容上要注意主次有别，详略得当，构成有机联系的整体。为此，在撰写前应当认真草拟写作提纲，按照一定的主题及顺序安排内容。

第二周 培训开展前期准备

培训前必须制订培训计划、确定培训目标、选择或开发培训课程、选择培训方式、确定培训教师，只有这一系列工作做好了，各项培训活动方能顺利进行。

问题56：如何制订培训计划？

在了解了培训需求之后，接下来的工作就是制订培训计划。制订培训计划除了要参考培训调查的结果外，还要参考企业的其他与培训有关的制度和规定，有的企业制定了"培训管理制度"，有的企业根据ISO 9000的要求制定了标准的"培训控制程序"，这些都是制订培训计划的依据。

1.确定培训目标

培训目标是实现员工在某个岗位上的最佳工作绩效，以及员工的自我满足。为了使培训达到预定的目标，需要对培训目标作清楚明白的说明。培训目标包括如图4-3所示的内容。

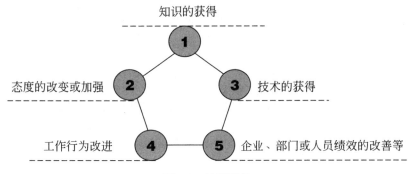

图4-3 培训目标

对培训目标界定得越精确、越清晰、越详细，就越易于进行后面的活动。

2.确定培训对象

根据培训目标，对培训对象进行界定，在确定培训对象时应当回答以下问题。

（1）是员工还是管理者？

（2）是部分员工还是全体员工？

（3）是新员工还是在职员工？

（4）是绩效差的员工还是绩效好的员工？

3.拟定计划内容

培训计划内容应当考虑以下几方面的问题。

（1）培训方式的选择。根据培训目标和对象选择培训方式：是内部培训还是外部培训？是业余培训还是脱产培训？是集中培训还是分散培训？

（2）培训机构的选择。以什么标准选择培训机构？有哪些可供选择的培训机构？这些培训机构各有什么优势和劣势？

（3）培训教材的编制。有无现成的教材？如果有，是否需要修改？如何修改？谁来修改？如果没有，如何编制？谁来编制？

（4）培训课程开发。包括课程定位、课程目标、学习策略、教学模式选择、如何评价等内容。

（5）培训师的选择。内部培训师还是外部培训师？培训师的风格怎样？如何考核教学效果？是否需要对培训师进行培训？

（6）培训预算。预算来源？预算在培训项目上如何分配？如何处理预算与计划的冲突？预算如何管理？

（7）考核方案。谁需要进行考核？何时进行考核？如何考核？考核什么？成绩如何使用？有无奖惩措施？

4.审批培训计划

在这个阶段，要确认由哪些主管部门参与培训计划的审核、审核程序是什么，以及审核完成的时间。这个程序要与企业的培训管理制度相匹配。

5.落实培训计划

培训计划审批后，要进行培训计划的落实工作，主要包括以下几方面的内容。

（1）选择外部培训课程或机构的培训，应当与相应部门签订合同。

（2）落实或支付培训费用。

（3）确认培训师，与培训师签订合同或协议。

（4）确认培训所需场地、器材、资料的形式和来源等。

（5）确认培训相关人员（管理人员、服务人员等）。

（6）其他相关的手续。

6.发布培训计划

将培训计划发布出去时要确定以下内容。

（1）发布形式：布告栏、网络平台、信函和会议通知等。

（2）发布范围：公司全体员工和对应部门。

（3）发布时间与报名有效时间。

下面提供一份培训计划书的范本，仅供参考。

🔍 【范本】 ▶▶ ---

××公司年度培训计划书

一、2022年度培训计划说明

××公司自2022年6月筹备至今，已有员工××××人，公司员工的基本素质状况及公司的相关情况如下。

（1）公司目前×××名员工，其中男性×××人，占××%，女性××人，占××%，本科以上学历××人，占××%，20～30岁之间年龄的××人，占××%。从以上数据可以看出公司拥有一支非常年轻的团队，一线人员素质在业界属于中上水平，但员工流动性较大，公司凝聚力较弱。

（2）公司目前各项工作有待进一步细化与深化，很多工作程序需要优化与改进，员工制度化、程序化、标准化意识淡薄，团队精神与协同观念不强，各级管理人员管理技能与领导水平有待提高。

（3）公司员工培训工作一直未开展，未建立相关培训体系，培训对象及培训师资板块没有投入，因此培训效果评估也未落到实处。

二、2022年度培训工作重点

针对以上问题，结合公司实际情况及相关制度和计划，2022年培训工作的重点在以下几个方面。

（1）公司培训工作要力争全面覆盖，重点突出，要在实际的培训工作中不断丰富培训内容，拓展培训形式，优化培训流程，明确培训目的，增强培训效果。

（2）随着新员工的加入，要做好入司前、上岗中、工作后各项培训与培养工作计划，帮助他们度过适应期。

（3）要提高员工的职业意识与职业素养，提升其主动积极的工作态度及团队合作与沟通的能力，增强敬业精神和服务观念，加强其专业水准。

（4）要针对公司管理人员的管理水平、领导能力等问题开展"中层管理人员管理技能提升"培训，计划以外训带动内训，坚持培训内容以通用管理理论为主，坚持培训目的以提高管理技能为主，坚持培训方式以加强互动交流为主，以不断提升中层管理人员的管理能力与领导水平。

（5）对于新入职员工，力争在一个星期内对他们进行入职培训，培训内容包括公司简介、企业文化、公司规章制度、员工日常行为规范、服务标准等，让新员工能快速融入公司环境。

（6）要不断完善培训制度与培训流程，加强培训考核与激励，建立培训反馈与效果评估机制，健全培训管理与实施体系。

三、2022年度培训课程计划

此培训计划是根据公司2022年度工作计划与发展目标，以及人力资源部对公司各部门、各岗位员工培训需求进行分析、预测，然后制定的培训计划方案。具体包括《2022年新员工入司培训计划》《2022年度职能人员职业素质、能力提升培训计划》《2022年度职能人员职业素质、增值服务项目及能力提升培训计划》3项培训，在实际实施过程中会有所调整，以具体的培训内容为准。

2022年新员工入司培训计划

序号	培训主题	培训对象	培训讲师	培训课时	培训形式	培训时间	培训考核
1	企业简介、企业文化	新进员工	人事行政专员	1	内部培训	新入职员工达3人后统一组织实施，不足3人则2个月组织一次	书面考试
2	员工手册、管理制度	新进员工	人事行政专员	4	内部培训		书面考试
3	劳动合同、社会保险相关内容	新进员工	人事行政专员	4	内部培训		书面考试
4	岗位职责及相关工作内容培训	新进员工	各部门主管	2	内部培训	新员工入职三天内进行培训	书面考试
5	财务借支及报账制度培训	新进员工	出纳	1	内部培训	新进员工一周内培训	无

2022年度职能人员职业素质、能力提升培训计划

序号	培训主题	培训对象	培训讲师	培训课时	培训形式	培训时间	培训考核
1	劳动合同及社会保险相关内容	全体员工	人事行政专员	2	内部培训	2022年3月2～6日	书面考试
2	员工与企业的关系	全体员工	人力行政主管	2	内部培训	2022年3月16～20日	心得总结

续表

序号	培训主题	培训对象	培训讲师	培训课时	培训形式	培训时间	培训考核
3	心态决定一切	全体员工	人力行政主管	2	内部培训	2022年3月23～27日	心得总结
4	团队意识培训	全体员工	总经理	1	内部培训	2022年	心得总结
5	时间管理培训	全体员工	人力行政主管	2	内部培训	2022年4月13～17日	心得总结
6	团队户外拓展训练	全体员工	人力行政主管	1	外训	2022年4月20～30日	心得总结
7	推广案例分享讨论	运营部员工	运营部负责人	4	内部培训	2022年3月15～20日	心得总结
8	岗位职责培训	全体员工	各部门负责人	2	内部培训	2022年3月30日～4月3日	书面考试
9	绩效考核培训	全体员工	各部门负责人	2	内部培训	2022年4月7～10日	书面考试
10	互联网＋企业制胜法则	全体员工	总经理	2	内部培训	2022年	书面考试

2022年度职能人员职业素质、增值服务项目及能力提升培训计划

序号	培训主题	培训对象	培训讲师	培训课时	培训形式	培训时间	培训考核
1	打造一流团队	全体员工	总经理	1	内部培训	2022年	现场考核心得总结
2	在工作中进行情绪与压力调试	全体员工	人力行政主管	3	内部培训	2022年4月27～30日	心得总结
3	保持积极心态	全体员工	人力行政专员	3	内部培训	2022年5月4～8日	心得总结
4	提升执行力	全体员工	人力行政专员	3	内部培训	2022年5月18～22日	心得总结
5	通用管理能力培训	管理人员	人力行政主管	1	内部培训	2022年3月9日～6月30日	心得总结
6	团队户外拓展训练	全体员工	人力行政主管	1	外训	2022年6月15日～8月10日	心得总结
7	个人职业规划	全体员工	人力行政主管	1	内部培训	2022年3月9～13日	现场考核心得总结
8	没有任何借口	全体员工	总经理助理	1	内部培训	2022年7月11～15日	心得总结
9	销售能力与技巧	销售部员工	销售部负责人	6	内部培训	2022年8月22日～9月26日	心得总结
10	商务礼仪	全体员工	HR总监	3	内部培训	2022年10月12日～12月12日	心得总结

四、2022年度培训费用预算

2022年度培训费用预算表

序号	项目	培训形式	次数	计划费用/元	备注
1	学习用书、光盘等资料	现场			
2	团队外出拓展训练	外训			
3	投影仪及幕布购买				
	……				
合计					

注：以上培训费用为初步的预算，在具体实施过程中会随实际情况加以适当调整。

问题57：如何选择培训方式？

1.判断选择内部培训还是外部培训

到底选择内部培训还是外部培训呢？人力资源经理可以通过下列问题来判断。

（1）企业是否有培训经费？

（2）员工是否有培训时间？

（3）企业是否有所需的培训资源？包括课程和培训师。

（4）受训人员是适应外部培训还是内部培训？

特别提示

无论从时间成本还是经济成本上考虑，内部培训都比外部培训占优势，而且内部培训还能增加员工对组织的认同感，增加企业的学习气氛，有利于企业的知识交流和分享。

2.外部培训机构选择技巧

外部培训机构非常多，除了专门的培训公司外，还可以选择商务学校、大学中的管理学院、管理咨询公司等。人力资源经理在选择培训机构时要参考以下因素。

（1）培训机构在行业中的声誉。

（2）培训机构的专业经验。

（3）培训机构的人员构成和员工的任职资格。

（4）拥有的培训项目和客户。

（5）为客户提供的参考资料。

（6）培训效果证明。

（7）培训机构对本行业、本企业发展状况的了解程度。

（8）培训机构能够提供的资料、服务内容。

（9）培训项目的开发能力。

（10）培训项目的开发时间和开发费用。

问题58：如何开发培训课程？

1.课程开发原则

人力资源经理在进行培训课程开发时要遵循如图4-4所示的原则。

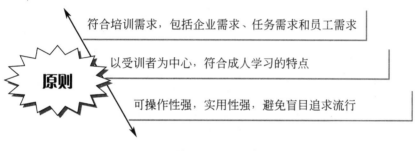

图4-4　培训课程开发的原则

2.课程设计的要素

人力资源经理在进行课程设计时要根据课程总体目标，选择课程要素。常用的课程要素包括如表4-6所示的几方面。

表4-6　课程设计的要素

序号	设计要素	具体说明
1	课程目标	根据培训需求确定，一般用"记住""了解""熟悉"和"掌握"等词汇描述知识类目标，用"分析""应用"和"评价"等词汇描述应掌握的行为类目标
2	课程内容	应围绕课程目标进行选择和组合各项内容
3	课程模式	指培训活动的安排和教学方法的选择。课程模式要与目标有关，并能够有效体现课程内容
4	课程策略	即教学策略，包括教学程序的选择和教学资源的利用
5	课程评价	对课程目标与实施效果进行评价，评价重点应是可计量的测定目标或可观察的行为指标

续表

序号	设计要素	具体说明
6	时间安排	课程时间的有效分配和充分利用
7	空间利用	应考虑到对培训场地的充分利用,如各种培训游戏的选择和使用
8	学员背景	要考虑到学员的文化水平、工作经验,在组织中的地位和工作环境等各项因素对学习的影响
9	培训者背景	应考虑到使用者,即培训师或培训者的背景,如资历、教学风格和对课程的理解程度等

3. 课程开发程序

课程开发的形式有自主式开发、合作式开发与外包式开发,其中合作式开发形式被较多采用,自主式开发对培训人员专业要求较高,不仅需要多年培训管理经验的积累,同时更需要对理论知识的掌握和实践经验的沉淀。合作式开发因选择合作方进行课程开发,培训部门主要负责项目管理及过程监控工作。

通常而言,开展课程开发工作须经过如图4-5所示的步骤。

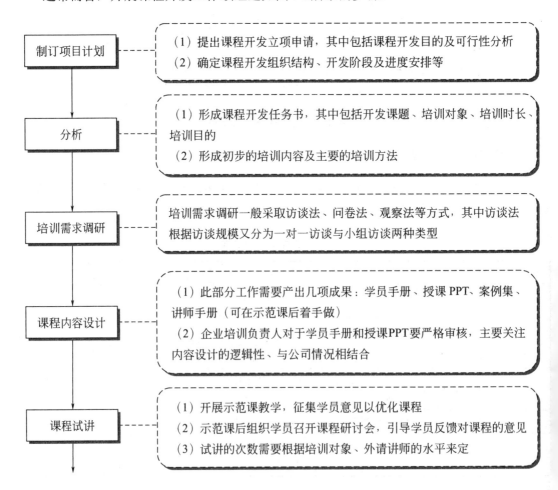

制订项目计划
(1)提出课程开发立项申请,其中包括课程开发目的及可行性分析
(2)确定课程开发组织结构、开发阶段及进度安排等

分析
(1)形成课程开发任务书,其中包括开发课题、培训对象、培训时长、培训目的
(2)形成初步的培训内容及主要的培训方法

培训需求调研
培训需求调研一般采取访谈法、问卷法、观察法等方式,其中访谈法根据访谈规模又分为一对一访谈与小组访谈两种类型

课程内容设计
(1)此部分工作需要产出几项成果:学员手册、授课PPT、案例集、讲师手册(可在示范课后着手做)
(2)企业培训负责人对于学员手册和授课PPT要严格审核,主要关注内容设计的逻辑性、与公司情况相结合

课程试讲
(1)开展示范课教学,征集学员意见以优化课程
(2)示范课后组织学员召开课程研讨会,引导学员反馈对课程的意见
(3)试讲的次数需要根据培训对象、外请讲师的水平来定

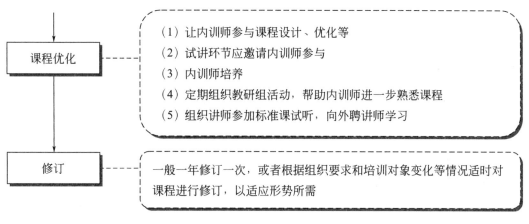

图4-5 课程开发程序

问题59：如何选择培训教师？

不管是聘请外部的培训师还是开发内部的培训师，均应选择合适的培训师才能保证培训的效果。

1.确定从内部还是外部聘请培训师

在决定从企业内部选择培训师还是从外部聘请培训师之前，人力资源经理要了解外聘培训师和内部培训师的优势及劣势，具体如表4-7所示。

表4-7 外聘培训师和内部培训师的优势及劣势比较

类别	优势	劣势
内部培训师	（1）了解企业和培训对象的情况，培训的针对性强 （2）熟悉培训对象，有利于沟通 （3）成本低	（1）内部培训师不易于在培训对象中树立威信，可能会影响到学员的学习态度 （2）选择范围小，可能会影响到培训师的质量 （3）培训师受企业文化影响较大，不利于带来新理念
外聘培训师	（1）选择范围大，质量高 （2）可带来全新的理念 （3）具有"名师"效应，吸引学员，提高培训档次	（1）对企业和培训对象缺乏了解，可能影响培训效果 （2）对培训师的了解度不够，加大了培训的风险 （3）成本较高

如何决定从企业外部还是内部选择培训师？人力资源经理应根据培训的内容和教学手段，以及经济性与学员的适应性来决定，其具体内容如下。

（1）专业知识理论等要求较高的培训或前沿技术的培训，适合从外部聘请专家。

（2）较小规模的企业，或没有专门培训职能的企业，可以从外部聘请专家。

（3）具有成熟培训体系的企业，可开发内部培训师资源。

（4）成熟的课程或专业知识水平较低的课程，适合从企业内部选择培训师。

（5）企业文化、行为规范方面的培训，适合内部培训师。

（6）比较培训师开发成本和聘用成本，决定外聘还是内聘。

2.选择培训师的标准

（1）具备相关的专业理论知识。

（2）对培训所涉及问题有实际应对经验。

（3）具有培训经验和培训技巧。

（4）熟练运用培训工具。

（5）良好的交流和沟通能力。

（6）具有引导学员自学的能力。

（7）善于发现问题和解决问题。

（8）掌握前沿理论。

（9）拥有培训热情。

3.对内部培训师进行培训

初步确认培训师后，人力资源经理应针对培训师的特点和本次培训的要求，对培训师进行培训。培训内容如图4-6所示。

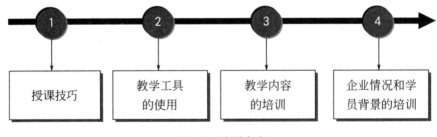

图4-6　培训内容

4.办理培训师的聘用手续

（1）对于外聘培训师，首先进行意向接触，然后进行评估，确定是否聘用。若可行，则签订聘用合同。

（2）对于内部培训师，首先进行意向接触，然后对其实施评估，确定是否聘用。若达标，则签订相关协议，最后由所在部门和人力资源部门签字确认。

第三周　培训活动的开展

培训实施涉及许多人、部门和设施，最容易在细节上出错。因此，在这个过程中，人力资源部一定要周密、细心。

问题60：开展培训活动要做哪些准备？

人力资源部最好预先准备一份工作清单，对照清单逐项检查需要准备的事情，以免遗漏。

1. 下发培训通知书

在一些规模不大或管理不规范的企业，往往只是通过口头传达一下培训信息，结果造成信息传递的延误和失真。要让培训信息准确地传达，并且避免以后诸如"不知道有培训课程""没有接到通知"此类推诿扯皮的事情发生，人力资源部还要起草一份正式的培训通知并发放到受训部门主管及受训人手里比较适宜。

培训通知书通常包括以下内容。

（1）培训内容、授课形式、培训目的。

（2）课前需要准备的材料和物品清单。

（3）培训时需携带的材料和物品清单。

（4）食宿问题说明（如果是外训且培训时间不止一天则必须说明食宿问题）。

（5）停车位说明（是否有足够的停车位，自费还是免费）。

（6）签到时间：××××年××月××日，××时××分。

（7）结束时间：×年×月×日，××时××分。

（8）培训地点：×××路××号×楼×××室。

（9）纪律要求。

（10）本次培训项目负责人。

培训通知书的起草行文可以直接指向参加培训的个人，也可以直接发给其所在的部门。培训事项的说明要具体、详细、准确，不得有遗漏。

下面提供一份新员工培训通知的范本，仅供参考。

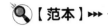 【范本】▸▸ --

新员工培训通知

公司近期招聘了一批新员工，为使新员工在最短的时间里，更快、更清楚地了解公司的概况、规章制度和企业文化，以进一步增强新员工的自信心和工作意识，让其尽快投入岗位中，融入公司的企业文化。经研究决定，人力资源部定于20××年8月30日下午（星期一）展开一次新入职员工入职培训工作，详情如下。

时间:8月30日14:00～14:10签到。

组织部门:人力资源部。

培训地点:一号会议室。

会程安排如下。

14:10～14:20宣读欢迎词。

14:20～15:00破冰游戏。

15:00～16:00公司概况简介。

16:00～16:05休息。

16:05～16:30公司制度学习（行政方面）。

16:30～17:00与公司共成长（沟通无限小游戏）。请新员工所在部门提前做好工作安排，以保证新员工能及时参加培训。参加培训学员自备笔记本、笔及员工手册，并准时出席，如因工作关系确实不能参加者，请以书面形式经部门负责人批准后，向人力资源部请假方可。

附：新员工培训人员名单。

公司总部人力资源部

20××年8月25日

2.签订员工培训协议书

签订员工培训协议书是对受训人员的一种约束。因为现实中往往存在以下现象：企业花费很多的金钱和精力送员工去培训，比如送员工出国培训，但是培训结束后员工却以此为资本跳槽。如果企业事前没有向员工提出任何条件加以约束，则白白地为他人作了嫁衣。为避免类似情况发生，签订培训协议书是完全必要的。

员工培训协议书的内容主要有如图4-7所示的几点。

1　培训费用的支付说明

可以采取企业完全支付的方式，也可以采取企业和员工按照一定的比例分别支付。一般来说，在接受培训之前，员工需要向企业交纳一定的保证金

2　培训学习期限的说明

规定培训学习的起止时间，并按照实际学习的时间计算

3　纪律要求

员工在学校，代表的是企业的形象，不可以因个人行为而使企业的形象受损

4　待遇说明

在员工培训期间，对其应享受的待遇、福利做出规定和说明。特别是一些特殊事项，要做出详细的说明，使员工免除后顾之忧，安心地接受培训学习

5　奖惩规定

对于培训期间表现良好、考核成绩优异的员工，应给予奖励；对于表现比较差、学习结束后无法通过考核的员工，要给予一定的惩罚

6　违约责任

一旦发生员工违反协议规定的事项，则按照事先签订协议的相关规定处理

7　免责声明

员工在外学习，企业无法完全了解其情况，也无法约束员工的行为。所以，员工因个人行为而造成的法律责任或是自身的过失或不正当行为而致病（伤）的，企业对此不负任何责任

图4-7　员工培训协议书的内容

下面提供一份员工培训协议的范本，仅供参考。

【范本】▸▸▸

员工培训协议

姓　名：

部　门：

岗　位：

培训目的：

培训机构：

培训科目：

本人因公司发展需要被派送到_____参加_____培训，时间____天（即从____年____月____日～____年____月____日），愿与公司共同遵守以下协议。

1.培训期间本人愿意遵守培训机构的有关规定，维护本公司名誉，保证不泄露公司秘密。保证受训期间虚心学习，吸收所需知识技能，于受训期满后返回公司服务。如公司中途因工作需要要求中止受训，愿以公司利益为重，绝无异议。

2.学业完毕后愿尽所学的经验、知识、技能服务于公司，并愿将所学传授给公司同事，所取得相关资料应留公司存档。利用所学取得的科研成果、专利、著作应以公司名义取得自有知识产权，绝不私自向外出售、泄露、转让。

3.培训学习期满保证继续在公司服务____年（即从____月____日～____年____月____日），愿按公司相关规定申请报销培训费用。

4.培训期间，公司应根据培训地点生活水平每月发给学员在职时月工资的____%作为生活补贴，计_____元人民币/月。

5.培训期间本人愿与公司保持不间断联系，并能配合公司的科研开发及项目拓展活动。

6.培训人如违反以上条款，需赔偿公司一切损失。如有泄露公司商业、技术秘密者，愿承担法律责任。

受训人：

企业：

法定代表人：

年　　月　　日

3.签订对外培训协议书

对外培训协议书，是指企业向社会上的专业培训机构聘请培训师时所签订的协议。外部培训协议书是与培训机构签订的，而不是培训师个人。两者在格式或行文上并没有很大的区别，主要是内容上有所不同。主要内容如下。

（1）教授的课程。明确企业需要培训课程体系的具体名称和内容，选配专业的培训师进行授课。

（2）讲授的人选。企业有权利选择自己认为合适的讲师来负责培训。企业可以要求培训机构派遣培训师进行试讲。

（3）课程的大纲和内容。在协议上，应附有课程的大纲或是详细的内容介绍。培训师进行培训时，应严格按照协议上的规定进行培训。

（4）培训的时间、地点。严格按照规定的时间和地点进行培训。

（5）培训的形式，是在室内上课还是野外拓展，都应该有清楚的说明。

（6）培训费用。协助企业就此次培训应向培训机构支付的所有费用，并列出支付费用的明细。

（7）违约。明确任何一方出现违约情况应承担的责任和向对方赔偿的费用。

（8）其他事项。

4.选择与布置培训场所

人力资源部要提前选好培训场所，并且最好要有其他备选场所。一般情况下，根据学员人数的多寡和培训的内容选择培训场所。比如选择大面积或小面积的场所、选择户外或户内、选择自备场所或是租用相关场所。

（1）选择培训教室。

① 房间面积一定要足够大，但也不能太大，以免给人空荡荡的感觉，造成消极的学习情绪。

② 在培训教室里一定要置备供书写和放置资料的工作区。

③ 培训教室是否有通风设备、是否运转良好、如何控制。

④ 培训师的工作区是否有足够大的空间来放置材料、媒体工具或其他器材。

⑤ 保证坐在后排的学员可以看清屏幕。

⑥ 检查邻近是否有干扰，比如其他培训班、工作人员办公室等（因为噪声会分散人的注意力，影响培训学习）。

⑦ 检查休息室、饮用水、茶点的状况。

⑧ 检查灯光、空调的使用情况和控制按钮。

（2）培训场所的布置。

培训教室可用多种不同方式加以布置。主要考虑的因素是必须满足培训效果的要求，且使学员感到舒服。房间越具备灵活布置的可能性就越好。

① 圈形布置。

当培训内容安排需要以学员分组形式配合时，或是学员人数比较多时，采用圈形的布置则比较好，如图4-8所示。这种形式便于让学员形成一个临时的团队来进行讨论、练习或游戏。

当然，有个不方便的地方可能是有的学员将背对着书写板或培训师。但培训师是可以走动的，所以可以减少这种不便。

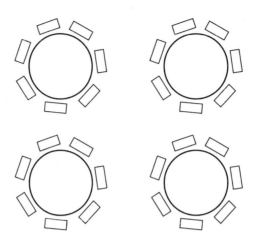

图4-8　培训教室圈形布置示意

② U形布置。

如果培训内容是以培训师讲演为主，可以采用U形布置培训现场，如图4-9所示。这时培训师可以走在U形的内圈来和每个学员进行有效的沟通，培训师可以全面照顾到每个学员，学员之间也方便讨论和进行目光交流。

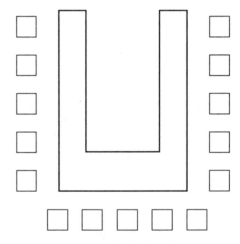

图4-9　培训教室U形布置示意

U形布置的一个不方便的地方是，如果让每个学员都进行上台演示练习时，有的学员可能就要绕一大圈才能走过去。

③ 剧场形布置。

剧场形是较常用的一种形式，尤其是进行一些人数较多的培训时，如图4-10所示。它的另外一种变形方式是将图示中的两组合并为一组。

这种形式对培训师和学员之间的沟通没什么影响，但对全体学员之间的沟通可能有一些影响。因为学员之间的目光交流没有前两种方式那么方便了，甚至会出现有的学员因个头高，挡住了坐在后面学员视线的情况。因此，在布置现场时，要慎用这种形式。

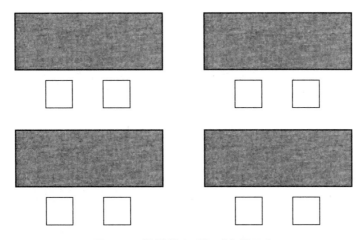

图4-10　培训教室剧场形布置示意

5.准备培训设备

　　场地的租用和准备可能较早就已经确定了，在开课之前，应当再次进行确认，尤其应当把所有培训可能用到的设施和器材一一试用，以保证它们的正常运行。应当指定一个场地设施的负责人，并保持和设备维护人员的联系，以应对培训过程中的突发情况。

　　通常，一个良好的培训室应包括下列设施设备及物品。

（1）良好的通风设备。

（2）电线配置插座。

（3）若教室常用视听器材，则必须有窗帘遮光。

（4）教室内最好有供每个学员书写用的桌子。

（5）公布看板（栏）。

（6）讲桌。

（7）黑板／白板及各种颜色笔或粉笔。

（8）投影仪、投影片及笔。

（9）银幕。

（10）储藏箱。

（11）学员所需的夹子、笔等。

6.做好培训的后勤工作

为了保证培训的顺利完成，人力资源部一定要精心安排相应的后勤保障，以保证培训能顺利进行。在一次培训的进行过程中，具体的后勤工作主要包括如表4-8所示的内容。

表4-8　培训的后勤工作内容

序号	工作事项	具体内容
1	交通	在组织培训时一定要了解到达培训地点需要多长时间。如果距离较远，是否安排专车将学员送到培训教室？若是距离近，是不是告诉学员自己选择交通工具？此时一定要交代清楚培训的确切地点，并建议他们在何时到达较好
2	准备教学设备及辅助工具	投影仪、计算机等教学设备已经准备好了吗？是否需要带一些相关的接线板？已经有现成的了，还是要临时租用？若是租用，已经联系了吗？是否对它们进行必要的检查？还要准备哪些印刷品材料？这些教学设备和辅助工具由谁负责带到培训现场？明确分工并落实到个人，才能保证不会遗漏所需的设备和材料
3	设定技术维护人员	一旦出了问题，应立即与相关人员联系，及时排除故障。如果可能的话，在安排人做后勤工作时就应考虑此人有没有相关的技能
4	茶点膳食安排	可以结合培训课程的进度来加以安排或调整。比如，有的企业干脆在学员的座位上放一瓶矿泉水，课后就在企业的食堂就餐
5	熟悉培训现场周围的环境	清楚了解卫生间、电梯的位置，安全通道的路径，当有危险时，才能临危不乱。熟悉周围环境，可以向有需要的学员建议住宿、饮食、坐车、娱乐、购物的合适地点

问题61：如何做好培训实施中的管理工作？

1.课前管理

其具体内容如下。

（1）茶水准备。准备学员、培训师的饮用水或各种饮料；根据培训的内容安排合适的音乐，为培训营造适宜的氛围。

（2）学员签到。学员报到应在专门的签到表上签到，签到表的设计要包括姓名、部门等简单的个人信息。应安排专人负责学员的签到，以便掌握学员的出勤情况。

（3）学员心态引导。学员从工作状态转入培训状态，在心态上有一个调整的过程。可以通过培训前会议、讨论等形式帮助学员尽快完成这个过渡，为开始培训做好心理准备。

（4）宣布培训纪律。向参加培训的人员宣布培训纪律，包括考勤制度、课堂纪律、请假办法等。

2.培训器材的管理与后勤服务

在培训过程中，应安排专人负责培训器材的保管和维护。如果设备出现了故障，要能够及时修理或替换，不要影响培训的进行。

问题62：如何做好培训后期的管理工作？

培训后期的管理工作包括以下方面。

1.培训后的服务工作

培训结束后，人力资源部应向培训师的工作表示感谢，就培训工作征求培训师的意见，并将培训师的费用结清。如果有后续工作，人力资源部应和培训师保持联系。

2.学员考核

人力资源部根据事先准备好的测试工具对学员进行测试考核。

3.结业证书

如果有结业证书，人力资源部则尽量安排发放仪式；给学员的合影、通讯录的制作等提供帮助。

4.设备和场地整理

人力资源部应安排专人对培训场地、培训使用过的器材进行整理、清洁。所有外租的场地和设施都应办理相应的手续，对培训记录资料进行整理。

问题63：培训后如何跟进？

培训跟进工作是为了使培训活动的进展更加顺利，取得更好的效果。培训过后要对培训者实施调查，以听取他们对培训的看法。培训后跟进可使用如表4-9所示的培训跟进信息反馈表。

表4-9　培训跟进信息反馈表

各部门经理：

你们好！

贵部门的_____按照原定计划已经参加了我部于___年___月___日～___年___月___日组织的_____培训项目。本次培训活动重点学习了以下几个方面的内容。

1._____

2._____

3._____

4._____

为达到学以致用的目的，请您在工作中尽力安排其实践机会；同时请您费心观察、总结参加培训后的效果，并于3个月后将有关内容汇总到人力资源部。

谢谢合作！

人力资源部

××××年××月××日

问题64：如何做好培训记录及资料的整理？

培训的档案管理工作包括建立培训档案和对各类培训资料进行分类分档，以便决定今后的培训以及为企业人力资源部进行人员考核、晋升、奖惩提供重要依据。

1.员工受训资料

员工受训后，人力资源部应将受训有关资料归入计算机人事档案处理，使其成为个人整体受训记录的部分，并可作为下列各项人事及培训措施决策的参考依据。

（1）个人职务调动。

（2）升迁。

（3）未来培训的方向、训练层次。

（4）年度考绩的评核标准。

（5）工作授权。

（6）行为及技术衡量的指标。

受训者的培训档案的内容如表4-10所示。

表4-10　受训者的培训档案的内容

序号	内容	具体说明
1	员工的基本情况	包括学历、进企业年限、所经历的岗位、现有岗位工作情况等
2	上岗培训情况	包括培训的时间、次数、档次、成绩等
3	晋级升职培训情况	包括任职时间、任职评价等
4	专业技术培训情况	包括技术种类、技术水平、技能素质以及培训的难易程度
5	其他培训情况	比如在其他地方参加培训的经历、培训的成绩等
6	考核与评估情况	考核与评估情况：包括考核定级的档次、群众评议情况等

2.培训中心资料

培训实施后，应安排人员将下述资料汇集。

（1）上课与报名人数。

（2）缺席人员及原因。

（3）培训评估的统计及分析。

（4）缺失的检讨与改进建议。

（5）测验或作业的结果。

（6）如有座谈会时，受训学员对组织提的建议。

（7）受训资料的整理。

（8）培训总结记录。

3.与培训相关的档案

（1）培训教师的教学及业绩档案。

（2）培训所用财物档案。

（3）培训工作往来单位的档案。

第四周　培训成效评估

在员工培训课程结束之后，进行成效评估是有其必要的，唯有认真地进行员工培训成效评估，才能了解教育培训的绩效，充分了解培训中的缺点，作为日后改进的依据。

问题65：如何明确培训评估目标

1.明确培训目标

在培训项目实施之前，人力资源开发人员就必须把培训评估的目的明确下来。多数情况下，培训评估的实施有助于对培训项目的前景做出决定，对培训系统的某些部分进行修订，或是对培训项目进行整体修改，以使其更加符合企业的需要。例如，培训材料是否体现公司的价值观念，培训师能否完整地将知识和信息传递给受训人员等。重要的是，培训评估的目的将影响数据收集的方法和所要收集的数据类型。

2.确立培训评估指标和标准

培训需求分析明确了管理人员所需提升的能力，评估的下一步就是要确立具体且可测量的培训目标。培训目标是指培训活动要达到的目的和预期成果，管理培训项目可以包括多层次的培训目标。针对每层次的培训目标可以制定相应的评估指标和标准。反应层评估的培训目标可以设定为学员满意度的分值，如用1～5等级评价学员的总体满意度，至少应达到4分。学习层和行为层评估的培训目标应该包括：行动——告诉受训者他们在培训结束后做什么；条件——在实际工作中运用培训中所学时，受训者可能会遇到哪些限制；标准——受训者在培训后可被接受的数量和质量表现。

问题66：如何确定评估层次与方法

1.确定评估层次

人力资源部在选择培训评估方法前必须确定评估的层次，因为这将决定培训评估开展的有益性和有效性。

目前，国内外运用最为广泛的培训评估方法，是由柯克派崔克（Kirkpatrick，1959年）提出的培训效果评估模型，在这个模型中，培训效果评估包括如图4-11所示四个阶段的评估。

从培训评估的深度和难度来看，柯氏培训评估模型依次包括反应层、学习层、行为层和绩效层四个层次。从理论上讲，随着培训评估层次的提高，可以看到培训所带来的更深层次的影响，能够发现培训项目的价值。但是，由于包括人、财、物在内的资源因素的限制，不可能对所有的培训项目都进行四个层次的培训效果评估。因此，

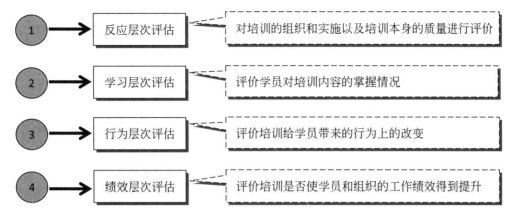

图4-11　培训效果评估的四个阶段

人力资源部在开展培训效果评估之前，对每个培训项目必须有针对性地选择培训效果评估的层次。

常用的、决定培训效果评估层次的方法是决策树分析法（图4-12）。通过决策树分析来取舍每个培训课程的评估层次。但是无论是哪一个培训项目，第一层次的评估——反应层次评估都是必需的。

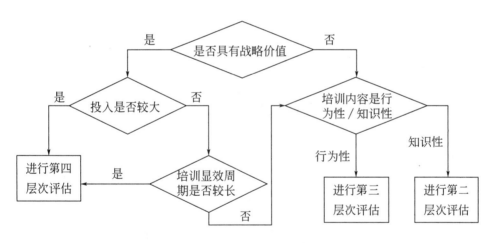

图4-12　决策树分析法

2.确定评估方法

不同级别的评估需运用不同的评估方法，具体如表4-11所示。

表4-11　培训评估层次与方法列表

层次	评估内容	评估方法	评估时间	评估单位
反应评估	衡量学员对具体培训课程、讲师与培训组织的满意度	问卷调查 面谈观察 综合座谈	课程结束时	培训单位

续表

层次	评估内容	评估方法	评估时间	评估单位
学习评估	衡量学员对于培训内容、技巧、概念的吸收与掌握程度	提问法 笔试法 口试法 模拟练习与演示 角色扮演 演讲 心得报告与文章发表	课程进行时 课程结束时	培训单位
行为评估	衡量学员在培训后的行为改变是否因培训所导致	问卷调查 行为观察 访谈法 绩效评估 管理能力评鉴 任务项目法	三个月或半年以后	学员的直接主管上级
绩效评估	衡量培训给公司的业绩带来的影响	个人与组织绩效指标、生产率、缺勤率、离职率、成本效益分析、组织气候等资料分析 客户与市场调查 客户满意度调查	半年、一年后公司绩效评估	学员的单位主管

问题67：如何设计培训评估方案

一个卓有成效的评估过程应该经过仔细周密的计划。

1.设计培训评估方案前应考虑的问题

在设计培训评估方案时首先要明确以下问题：为什么要进行评估？谁将要接受评估？评估什么内容？如何进行评估等。

另外，还要考虑到进行评估可以利用哪些资源，所在企业的企业文化是否会影响评估进行方式。

2.培训评估方案的类别

企业管理培训评估方案的设计一般可以分为如图4-13所示的几类。

3.培训评估方案的选择

企业在选择评估方案时应考虑到以下一些因素来确定培训评估方案：

（1）当企业需要根据评估结果来修改培训项目时；

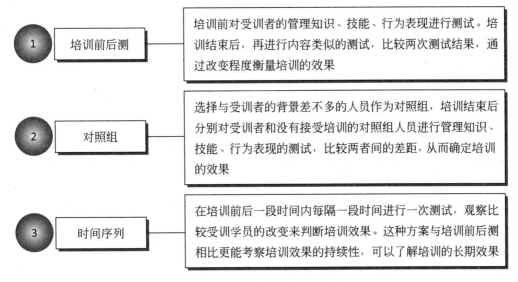

图4-13　培训评估方案的类别

（2）培训计划正在执行中且可能会对许多员工和顾客产生影响；

（3）培训计划包括不同级别的培训班和为数众多的受训者等。

问题68：如何实施培训评估

1.收集培训评估数据

进行培训评估之前，人力资源部必须将培训前后产生的数据收集齐备，因为培训数据是培训评估的对象，尤其是在进行培训三级、四级评估过程中必须要参考这些数据。

（1）培训数据的分类。

培训的数据按照能否用数字衡量的标准可以分为两类：硬数据和软数据，如图4-14所示。

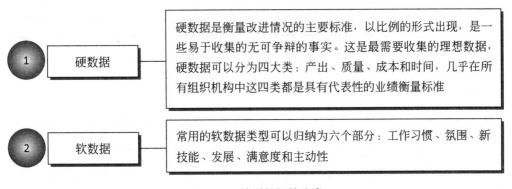

图4-14　培训数据的分类

（2）培训信息的具体项目。

人力资源部在进行培训效果评估之前，必须将培训项目执行前后的信息收集齐全。这些信息形式多种多样，数量庞大，如何能收集得全而不乱呢？最好的方式就是建立培训效果信息库。

人力资源部应当收集有关培训效果的信息，具体如表4-12所示。

表4-12　培训效果信息库收集信息

序号	类别	具体信息
1	培训目标	培训目标设置等相关信息
2	培训内容	主要包括培训课程、培训方式等
3	教材信息	教材的选用、编制和内容设置等方面的信息
4	培训讲师	培训讲师的能力、培训风格和学员的评价等信息
5	日程安排	培训日程安排等信息
6	场地信息	场地位置以及座位安排等信息
7	受训群体信息	是否适应培训形式、知识技能水平、个人情况等信息

（3）培训信息的收集渠道。

根据评估内容不同，人力资源部应选择不同的信息收集渠道，具体如图4-15所示。

1 收集与培训相关的资料信息

培训计划、调查问卷、教材、培训档案、录音和录像资料、相关的会议记录、培训的学习资料、培训机构和培训讲师的资料等

2 对培训管理的工作过程进行观察

培训的准备工作、实施现场、培训过程、受训人员反应、培训讲师的表现以及受训人员的行为改变等

3 对管理者、受训人员和培训讲师进行调查

通过问卷和访谈等方式向管理者、受训人员、培训经理和培训讲师收集对培训的评价

图4-15　信息收集渠道

2.多方参与评估

人力资源部应对前期的培训评估调查表和培训结果调查表进行统计及分析。将收集到的问卷、访谈资料等进行统计分析整理合并，提出无效资料，同时得出相关结论。

培训评估工作需要花费大量的时间与精力。在实际工作中，企业往往把培训评估工作推到培训师的身上，而目前企业外请的培训师很难去实施培训第三、四层次的评估，

更多地仅限于培训的反应层评估。其实，系统的培训评估应由五方全部介入（图4-16），培训评估的效果才会更好。

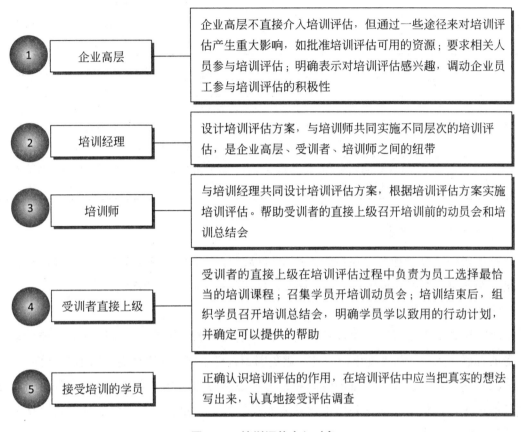

图4-16　培训评估介入对象

如果一个企业的高层、培训部门、受训者的直接领导、培训师和受训者之间有良好的沟通氛围，培训评估会因各方的努力而更加有效，同时人力资源部的工作也很有效，对整个企业都有益。

问题69：如何撰写培训评估报告？

在培训评估后需要呈交书面报告，将有关评估过程、收集的信息、分析结果等内容进行整合，形成一份综合性的评估报告。

1. 评估报告的内容

评估报告可以包括以下内容（根据具体需要增减）：概要、培训项目的背景、评估目的、评估方法和策略等，其具体框架如表4-13所示。

表4-13　评估报告的内容框架

序号	内容项目	说明
1	导言	首先，说明评估实施的背景；其次，介绍评估目的和评估；再次，说明本评估方案实施以前是否有过类似的评估。若有，评估者能从以前的评估中发现哪些缺陷与失误。开篇一定要写好，把重要的和要突出的写清楚、写明白
2	概括评估实施的过程	评估实施过程是评估报告的方法论部分和要交代清楚实施的方法以及依据
3	阐明评估结果	结果部分与方法论部分是密切相关的，必须保证两者的因果关系，不能牵强附会。在实施的时候做到了阐释、评论评估结果和提供参考意见。因为涉及范围广泛，所以为了满足多方面的需求，可以尽量做到详细
4	结尾	结尾要附上附录和报告提要。提要是对报告要点的概括，是为了帮助读者迅速掌握报告要点而写的，要求简明扼要

2.评估报告的要求

评估报告应简明扼要。在报告表述中可以通过数字式、图表式等方式来说明培训的效果。企业可以对书面报告设定一个标准，便于规范评估报告的格式。

培训评估报告的撰写要求如下。

（1）调查培训结果时必须注意接受调查的受训者的代表性，必须保证他们能代表整个受训者群体回答评估者提出的问题，避免因调查样本缺少代表性而做出不充分的归纳。

（2）企业对培训投入大量的时间和精力，必然力图通过评估来证明培训的价值。在这种情况下，评估者（尤其是内部评估者）在撰写评估报告时要尽量实事求是，切忌过分美化和粉饰评估结果。

（3）评估者必须综观培训的整体效果，以免以偏概全。

（4）评估者必须以一种圆熟的方式论述培训结果中的消极方面，避免打击有关培训人员的积极性。

（5）当评估方案持续一年以上时间时，评估者需要做中期评估报告。

（6）要注意报告的文字表述与修饰。

下面提供一份某企业培训效果评估报告的范本，仅供参考。

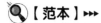【范本】▶▶▶ --

培训效果评估报告

一、培训评估的目的

员工培训是人力资源管理的重要内容，通过培训能持续提升员工的知识、技能与工作态度，从而为企业战略的实施提供强有力的人才保障，为企业在市场竞争中赢得竞争优势。培训效果评估是培训的最后一个环节，科学的培训效果评估对于公司了解培训投资的收益、界定培训对公司的贡献有重要的作用。

二、评估对象

根据决策树的分析来看，此次关于企业中层管理者的培训属于行为性的，因此我们决定对于反应层和行为层进行分析。

三、效果评估实施方法和步骤

此次关于中层管理者的培训为期141天，共三期培训，每一期培训结束后都要进行受训人员的满意度和意见的调查。通过调查问卷的方式，来调查受训人员的满意度，通过座谈法等方式询问受训人员的意见和建议。最后在每期培训结束后都将这些意见和建议进行汇总分析，然后对下一学期培训计划进行修改完善，以帮助我们及时改正培训活动中出现的问题。在第三期培训结束后对这三期培训进行总体的整理和存档，为下一次培训打下理论基础和提供宝贵的经验。下面就反应层和行为层两个层次进行详细的实施步骤介绍。

（一）学员反应层的评估

反应层的评估是指在培训刚结束之后，培训学员对培训项目的主观感受。反应层分析主要是针对一期、二期结束后进行的，信息获得最容易、最直接，是最基本、最普遍的评估方式。这个层次关注的是学员对培训项目及其有效性的知觉。

1.评估内容

反应层的评估包括对培训组织实施、培训后勤支持两个方面的评估。两个方面包括的具体内容如下表所示。

培训组织实施	培训后勤支持
1.培训目标是否合理明确 2.培训内容是否实用 3.培训教材是否完善 4.培训方法是否合适有效 5.培训讲师是否具备相应的教学态度、教学水平和教学方法 6.培训时间进度安排是否合理	1.组织培训的整个过程是否有条不紊 2.培训环境是否满足培训的要求 3.其他培训后勤支持是否及时满意

2.评估步骤及方法

步骤一：即时评估。

方式：问卷调查。

具体操作方法：在培训结束之后，由培训助理发放培训评估问卷，就学员对培训的各方面进行问卷调查。之后，由培训助理对问卷进行回收。或者，可以由培训信息管理人员将培训评估问卷通过电子邮件的形式，发放给各个学员，要求学员填写完毕之后，回寄给培训助理。培训评估问卷可以参考"附录1：反应层评估——评估问卷"。

步骤二：后续调研。

方式：小组座谈。

具体操作方法：在问卷调查结束之后，从学员中随机挑选一部分员工进行小组座谈，听取他们对该培训项目各方面的意见和建议。访谈提纲可参考"附录2：反应层评估——小组讨论访谈提纲"。

步骤三：评估报告。

方式：数据信息分析。

具体操作方法：对上述评估步骤进行定量和定性分析，将培训评估问卷的信息输入统计软件，对培训课程的各个方面进行统计分析；之后，对小组座谈获得的信息进行定性分析；对定性分析和定量分析结果进行整合，撰写培训效果评估报告。

（二）学员行为层次的评估

行为层次的评估要了解员工经过培训，是否在实际的工作中运用了从培训中学到的东西，工作行为是否发生改变。即学员结束培训回到工作岗位上一段时间后（通常是三至六个月，主要依据为某项行为改变通常需要的时间），他的工作表现是否提高了或达到新的标准要求。由于员工行为的改变才是培训的直接目的，因此这一层次的评估结果可以直接反映培训的实际效果，也是企业高层和直接主管更关心的，是培训效果评估中的一项重要内容，但这项评估操作比较复杂。

1.评估内容

行为层次的评估是为了确定从培训项目中所学到的知识、技能和态度在多大程度上转化为实际工作行为的改进，因此评估的内容主要包括新知识、新技能应用的情况以及工作行为的变化。

2.评估方法及步骤

较为普及且便于使用的行为评估方法有两种：行为评价量表法和行动计划法。培训管理者可以选择任意一种方式实行评估，或者将两者结合使用，在本次培训中我们考虑到一定的限制性因素，选择了行为价量表法。

行为评价量表法：行为评价量表是行为层评估中最常使用的工具，由相关人员对象对学员在培训开始前和培训结束后一段时间的工作行为表现分别进行评价，通过分析评分差异来判断学员在培训后是否采取了相应的行动。

使用行为评价量表进行评估的具体步骤如下。

步骤一：选择评估者。

具体操作方法：根据不同培训的具体内容，评估者可以是学员本人、上级主管、同事、直接下属或客户。通常为了客观起见，会要求学员本人对自身的行为现状进行评估的同时，再选择与学员的工作直接关联的其他人员对学员进行客观的评价，在学员的领导、同事、下属或客户当中选择几个具有代表性的人员。这种选择一般是与培训内容直接相关的。例如：培训人员管理技巧时，评估人比较适合选择学员的下属或直接上级；沟通协调能力的培训，则可以选择与学员共同合作的同事或有经常业务来往客户作为评估人。在确定好评估者之后，由培训管理人员向被选定的评估人进行沟通，向他们说明邀请他们参加评估的目的，并做简要的评价量表填写指导。为了保证评估人提供的意见是客观、坦诚的，需要向被选定的评估人说明他们将以匿名的形式填写评价量表，他们提供的意见将在统计分析之后提供给学员本人作为改进的参考。

步骤二：进行培训前的现状评估。

具体操作方法：在培训实施之前，由培训管理人员发放行为评价量表，被选定的评估者（学员本人、主管、同事、下属或客户）就学员现有的某项行为表现进行评价。之后，由培训管理人员对量表进行回收、统计、存档。评价量表的方法与回收也可以通过电子邮件的形式进行。行为评价量表见附录。

步骤三：进行培训后的二次评估。

具体操作方法：确定二次评估的时间。在培训结束后需要间隔一段时间，通常是3～6个月，具体时间应根据培训内容的复杂程度和相关知识技能应用导致行为改变所需要的时间来确定，如评估的是某项具体的技能应用情况，时间间隔可以短些；若是像管理培训这类复杂或综合的内容，时间间隔需要长些，3～6个月，甚至更长。

由选定的评估者填写内容相同的行为评价量表，针对该学员培训后的工作行为表现进行评价打分。具体操作方法同步骤二。

步骤四：分析量表与形成报告。

具体操作方法：比较培训前评估结果与培训后二次评估的结果，从差异分析了解培训内容是否得到了应用，学员的工作行为在多大程度上发生了改变。

评估表中的总分的变化体现学员总体行为是否有改变；单项行动的分数变化体现学员对每一项行动的变化情况。

四、评估效果的总结

通过本次调查，结合学员的结业考核成绩，对此次培训项目给出公正合理的评估报告。学员积极并且配合调研，态度端正、积极。参加过调研的学员在培训中表现优秀，虚心听讲，勇于发言。

受训者总人数的25%参加第一期培训，人力资源部对于第一期培训进行评估和反馈，提出第一期培训出现的问题的解决方案和第二批培训的改进措施。受训者总人数的35%参加第二期培训，人力资源部对于第二期培训进行评估和反馈，提出第二期培训出现问题的解决方案和第三期培训的改进措施。受训者总人数的45%参加第三期培训。通过此次三期培训，培训结束后的最终评估通过书面保存，为下一次培训提供宝贵经验。

外部客户通过对调查结果以及评估结论进行判断，最终判断出客户对工作的满意度，从而达到提升的效果。通过判断员工的士气、精神面貌、沟通效率判断出内部员工的满意度。

针对学员的现状，结合本次培训实施情况，提供有系统的培训课程，帮助督导队伍获得全面的、整体的素质和能力的提升。

附录1：反应层评估——评估问卷

内部培训评估表

培训课程：　　　　　　讲师：　　　　　　培训日期：

请帮助我们完成以下评估问题，告诉我们您对本次培训的评估。这将有助于我们全面评估培训工作的效果。您的建议和评价也将极好地帮助我们安排将来的课程，从而能够更好地满足您的需求，读完每一项陈述后，请您在认为合适的数字上画圈，并且写出您的建议。

		1.不明确、不合理	2	3.一般	4	5.非常明确合理
1	您如何评价本培训课程的目标	☐	☐	☐	☐	☐
您的建议：						

		1.非常不实用	2	3.一般	4	5.非常实用
2	您如何评价本培训课程的培训内容	☐	☐	☐	☐	☐
您的建议：						

		1.非常不完善	2	3.一般	4	5.非常完善
3	您如何评价本培训课程的培训教材	☐	☐	☐	☐	☐
您的建议：						

		1.亟待改进	2	3.一般	4	5.非常恰当
4	您如何评价本培训课程的培训方法	☐	☐	☐	☐	☐
您的建议：						

续表

		1.非常不实用	2	3.一般	4	5.非常实用
5	您如何评价本培训课程的培训讲师的授课水准（教学态度、教学水平、教学方法）	☐	☐	☐	☐	☐
您的建议：						

		1.非常不合理	2	3.一般	4	5.非常合理
6	您如何评价本培训课程的时间进度安排（时间长短、快慢等）	☐	☐	☐	☐	☐
您的建议：						

		1.组织非常差	2	3.一般	4	5.组织非常好
7	您如何评价本培训课程的组织过程（计划、安排是否妥当、全面）	☐	☐	☐	☐	☐
您的建议：						

		1.非常差	2	3.一般	4	5.非常好
8	您如何评价本培训课程的培训环境（场地和设施是否舒适、方便）	☐	☐	☐	☐	☐
您的建议：						

		1.非常差	2	3.一般	4	5.非常好
9	您如何评价本培训课程的后勤安排（食宿安排，交通安排）	☐	☐	☐	☐	☐
您的建议：						

续表

		1.非常没有帮助	2	3.一般	4	5.非常有帮助
10	您是否认为这次培训课程能够有助于您日后的工作	☐	☐	☐	☐	☐

您的建议：

		1.非常差	2	3.一般	4	5.非常好
11	总而言之，您对这次培训的评价如何	☐	☐	☐	☐	☐

您的建议：

12.为了帮助我们更好地组织此类培训，您还有什么建议					

员工姓名（可以不填）：

附录2：反应层评估——小组讨论访谈提纲

一、一般性问题

1.经过本次培训课程，您最大的收获是什么？

2.在培训之前您有什么期望？您觉得本次培训达到您的期望了吗？

3.您觉得本次培训课程最需要改进的地方在哪里？怎么进行改进？

二、细节性问题

1.本次培训课程的培训目标是否清晰明确？

2.本次培训课程的培训内容是否实用？

3.本次培训课程的培训教材有无需要改进的地方？

4.本次培训课程运用的培训课件是否有效？

5.本次培训课程采取的培训方法是否恰当有效？能否有助于您对培训内容的理解？

6.您对本次培训课程的培训讲师的评价如何？

7.培训讲师是否表现出对培训内容的精深把握？

8.培训讲师的培训技能如何？有哪些亟待提升的方面？

9.本次培训课程的时间安排、进度是否合理？有没有控制不当的情况？

10.您对本次培训的组织有什么评价？有没有什么安排不周到的地方？

11.本次培训的培训环境是否舒适？您对培训设备是否满意？

12.您对本次培训的食宿安排、交通安排是否满意？

附录3：行为层评估——行为评价量表（下属评估）

作为被评估人的直接下属员工，请判断被评估人在下列各项行为中的表现，在多大程度上符合行为描述，根据你认为的表现程度选择相应的选项。

行为评价量表（下属评估）

行为项目	行为表现定级				
1.经理对我的工作很了解					
2.经理愿意花时间听我反映问题和意见					
3.当我工作做出成绩时，经理都及时赞扬我					
4.经理关心我的工作/生活平衡问题					
5.经理在工作中会主动寻求我的想法和意见					
6.经理会主动地和我讨论我的经验和特长					
7.经理会鼓励和帮助我与其他同事的合作					
8.经理会指出并帮助我改进工作中的失误					
9.经理给我提供足够的工作锻炼机会					
……					

注：1=非常不符合；2=比较不符合；3=一般；4=比较符合；5=非常符合。

附录4：评估报告表

培训项目名称		培训对象	
培训日期		培训单位	
培训目标		预期效果	
培训内容			
培训类型	A.新员工培训　B.管理人员培训　C.技术人员培训		
教材来源	A.讲师推荐　B.培训者自备		
培训方法	A.讲授法　B.工作轮换法　C.研讨法　D.视听技术法　E.角色扮演法		
培训方式	A.在职培训　B.职外培训　C.企业内讲授　D.企业外讲授		
培训费用	A.人事＿＿＿＿＿　B.器材＿＿＿＿＿　C.杂费＿＿＿＿＿		
培训结果运用情况			
此次培训的意义和局限			
改进意见			

第五个月

薪酬、福利与绩效管理

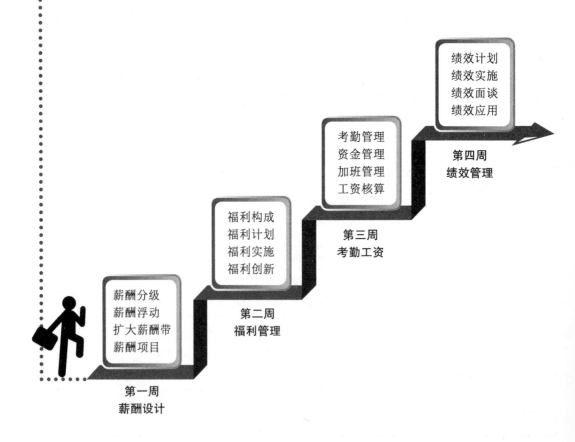

绩效计划
绩效实施
绩效面谈
绩效应用

第四周
绩效管理

考勤管理
资金管理
加班管理
工资核算

第三周
考勤工资

福利构成
福利计划
福利实施
福利创新

第二周
福利管理

薪酬分级
薪酬浮动
扩大薪酬带
薪酬项目

第一周
薪酬设计

第一周　薪酬方案设计

薪酬设计是企业建立现代薪酬管理制度的前提和重要组成部分，企业设计薪酬的主要目的是在企业经营战略的框架下，构造具有竞争力的薪酬以吸引优秀人才，为企业创造期望的利润并实现企业的可持续发展。

问题70：如何确定薪资分级？

如果企业规模较大，拥有数百甚至上千的工作岗位，就应该将由工作评价所评定的困难程度、重要性、责任及性质相似的工作归入各种薪酬等级。

薪酬等级数目的确定是一个重要决策。职级的数目并没有绝对标准，但若级数过少，员工将感到难以晋升，缺少激励的效果。相反，职级数目过多，会增加管理的困难与费用。决定薪酬级数时，还要考虑如图5-1所示的因素。

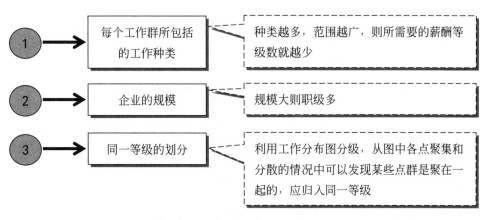

1	每个工作群所包括的工作种类	种类越多，范围越广，则所需要的薪酬等级数就越少
2	企业的规模	规模大则职级多
3	同一等级的划分	利用工作分布图分级，从图中各点聚集和分散的情况中可以发现某些点群是聚在一起的，应归入同一等级

图5-1　确定薪资分级需考虑的因素

问题71：如何确定薪酬水平？

确定薪酬水平，通常要经过以下步骤。

1.绘制散布图

人力资源经理在确定薪酬水平之前，先要清楚企业现行的薪酬水平，散布图横轴代表由工作评价所得的分数点，纵轴代表薪酬水平。

为了更易观察，可以画出薪酬趋势线，它代表企业内各岗位价值与薪酬的平均关系。若要使结果精确，可利用最小二乘法计算出趋势线的方程，公式如下。

$$Y=a+bx$$

式中　Y——薪酬；

　　　x——工作评价的分数点；

　　　a——趋势线与坐标轴的交点；

　　　b——趋势线的斜度。

当然，并不一定用直线来表示，用曲线有时更符合各点的走势。

2.比较薪酬

从散布图中可以看到企业现行的薪酬水平，然后将企业的薪酬与薪酬调查的结果相比较，目的是确保薪酬具有外部竞争力。

可以参照企业薪酬趋势线的做法，依据调查资料绘出市场薪酬调查趋势线，并将两者绘入同一个坐标系中加以比较，如图5-2所示。

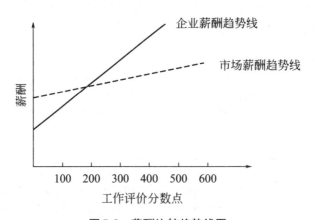

图5-2　薪酬比较趋势线图

由图5-2可知，企业的薪酬线与市场薪酬线间存在差异，较低级的岗位较市场上一般的薪酬水平低，而较高级的岗位则普遍较高。因此，要适当调高低级岗位的薪酬，而适当调低高级岗位的薪酬，若硬行降低薪酬，则对员工的工作热情打击很大。通常采取暂时冻结薪酬或减缓薪酬的增加幅度，使偏高的薪酬在一段时期内恢复到市场水平。还可以增加员工的工作量，提高工作效率，使偏高的薪酬合乎经济效率原则。当然，调整工作还要考虑企业的薪酬策略，企业愿意配合市场所支付的薪酬、维持目前的薪酬制度，或是支付高于市场的薪酬以吸引或留住优秀的员工等。

问题72：如何建立薪酬浮动幅度？

设计薪酬浮动幅度通常包括以下三步。

1.划分等级

把薪酬基本相同的不同岗位归在一起称为一个等级。图5-3中横轴是划分了等级的岗位结构。

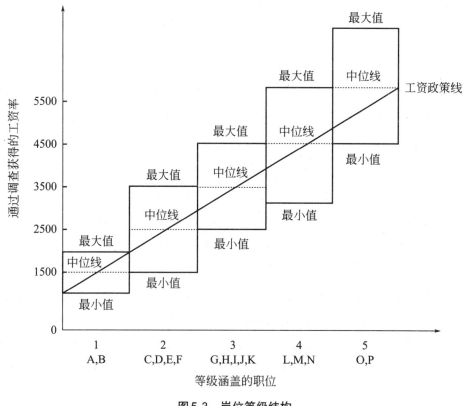

图5-3　岗位等级结构

2.确定薪酬浮动幅度（中点、最低点和最高点）

薪酬政策线穿过每一等级上的这个点就成为这一等级薪酬浮动幅度的中点。浮动幅度的中点通常称为控制点。这一点符合受到良好培训员工所需要的薪酬，而且员工对在此等级上工作感到满意，等级薪酬浮动的幅度，一般为10%～120%。不同岗位的浮动幅度不一样。

（1）高级管理岗位等级浮动幅度通常为60%～120%。

（2）中级专业和管理岗位浮动幅度为35%～60%。

（3）办公室文员和生产岗位浮动幅度为10%～25%。

管理岗位浮动幅度比较大，反映了个人在自由决策和绩效方面有更多的机会。

一旦中点（取决于薪酬策略线）和浮动幅度（取决于判断）确定后，就可计算浮动的上限和下限。

$$下限＝中点÷（100\%+1/2浮动幅度）$$

$$上限＝下限+（浮动幅度×下限）$$

比如，浮动幅度为30%，中点值为3000元。

下限＝3000元÷（100%+0.15）=2608元。

上限＝2608元+（0.3×2608元）=3390元。

当然，前面的公式是假定了浮动幅度的对称性的（例如，中点距上下限的值相等）。

3.工资等级交叉

工资等交叉是指两个相邻薪酬有一些岗位的工资是相等或上下差别不大的情况。如果A和B是两个相邻的薪酬等级，B在较高的等级中，交叉程度为

$$\frac{A等级上限-B等级上限}{A等级上限-A等级下限}×100\%$$

比如，A等级的上限4050元，下限2950元，B等级的上限4470元，下限3260元，则（4050-3260）÷（4050-2950）×100%=790÷1100×100%=71.82%。

交叉会造成什么差别呢？看如图5-4所示的两个极端的例子。

图5-4（a）中等级交叉的幅度较大，中点之间的差距比较小，这表明相邻两个等级中岗位的差别较小。这种结构中，晋职（岗位名称改变）不会引起薪酬发生大的变化。

图5-4（b）等级较少和浮动幅度较小，不同等级中点的差距较大，相邻等级之间的交叉较小，这有利于管理人员强调晋职（晋职到一个新的等级），从而使薪酬大幅度提高。有时，差距必须足够大，以引导员工去寻求、接受提升或接受所需的必要培训。

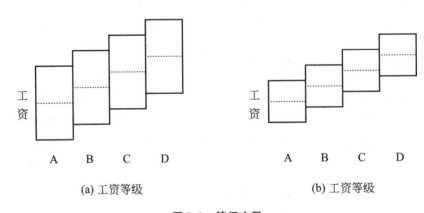

图5-4　等级交叉

问题73：如何扩大薪酬带？

扩大薪酬带是指把薪酬结构中的几个等级重新划分为几个跨度范围更大的等级，即把4～5个传统的等级合并为只有一个上下限的等级，如图5-5所示。因为一个等级包含许多不同价值的岗位，各个工资等级的中点则不再有用。

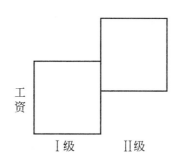

图5-5　薪酬上下限等级

薪酬浮动幅度和扩展薪酬带有不同的作用，如表5-1所示。

表5-1　薪酬浮动幅度与薪酬带之间的比较

薪酬浮动幅度的作用	薪酬带的作用
• 在控制范围内较灵活	• 强调指导范围内的灵活性
• 相对稳定的组织设计	• 层级较少的组织
• 通过等级或岗位的晋升业绩得到承认	• 职能的经验获得和横向开发
• 中点控制，可做比较	• 参考市场薪酬率和浮动幅度
• 所有的控制设计成制度	• 预算控制，很少有制度
• 给管理人员"指导的自由"	• 给管理者管理薪酬的自由
• 浮动幅度达150%	• 浮动幅度在100%～400%

设计薪酬带可按以下步骤来进行。

1.确定薪酬带的数目

有调查数据显示，有许多中小企业正在使用4～8个薪酬带来确定薪酬。这些薪酬带之间通常有一个分界点，或者说，岗位、技能或能力需求有不同的要求。人们通常用一些典型的岗位名称。

比如，以助理（新进入该岗位的个人）、专家（有经验的、有知识的团队成员）、专家组长（项目或部门主管）、资深专家来区分每个薪酬带，如图5-6所示。

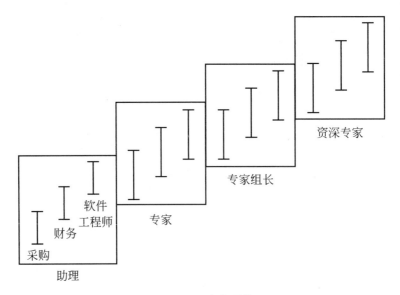

图5-6　四个薪酬带

　　图5-6中包括四个薪酬带（助理、专家、专家组组长、资深专家），每个薪酬带中包含不同职能部门的岗位，或者不同职类。

2.确定薪酬带的价位

　　根据市场薪酬率和区域，如图5-7所示，在每个薪酬带中每个职能部门有不同的市场薪酬率。助理薪酬带中，三个不同的职能部门（采购、财务和软件工程师）参照的市场薪酬率不同。因此，必须确定每个薪酬带中每个职能部门的市场薪酬率参照标准（与确定市场上的标杆工资率相似）。参照的薪酬率应根据市场数据来确定，以反映竞争对手支付的薪酬情况。

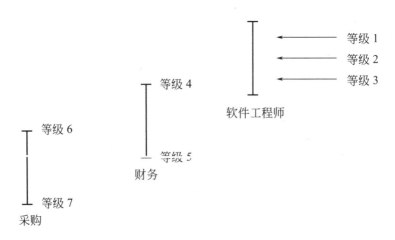

图5-7　确定薪酬带（专家）的价位

1～7级是竞争对手支付的市场工资率，

每个工资带中每个部门所参照的市场工资率（专家）

3.薪酬带内横向岗位轮换

同一薪酬带中薪酬的增加与不同等级薪酬增加相似，在同一薪酬带中，鼓励不同职能部门的员工跨部门（如从采购到财务，从研发到系统设计）流动，以增强组织的适应性。因此，职业的变化更可能的是跨职能部门，而从低薪酬带到高薪酬带跨部门流动如从A薪酬带到B薪酬带的流动则很少。

问题74：如何确定薪酬项目及内容？

一般而言，企业的薪酬结构都是多元化的，这些多元化的构成包括岗位工资、绩效工资、加班工资、福利津贴等。很多企业甚至将它划得很细，包含多个层次及多个项目。每个企业对薪酬概念的理解不同，对薪酬构成的划分也不尽相同。一般来说，企业的薪酬构成没有对错之分，只有优劣之分。企业的薪酬构成一般包含2～4个层次，如图5-8所示。

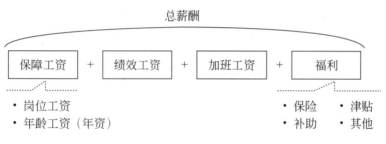

图5-8 薪酬构成

1.岗位工资

岗位工资是员工薪酬构成中最基本也是最重要的单元，岗位工资是确定其他工资的基础。一般来讲，绩效工资、加班工资等都是以岗位工资为基础来进行计算的。

通常来讲，岗位工资是相对稳定的，这种稳定会维持2～3年或者更长的时间，维持岗位工资的稳定有助于企业薪酬总额的控制及日常薪酬管理。

2.年龄工资（年资）

年龄工资（简称年资）是指随着员工工作年限增长而变动的薪酬部分。年资是对长期工作员工的一种报酬奖励形式，其目的是承认员工以往劳动的积累，激励他们长期为企业工作。年资是薪酬结构的辅助单元，一般企业年资的设计也比较简单，通常采用递增法来设计年资。某企业年资设计方案如图5-9所示。

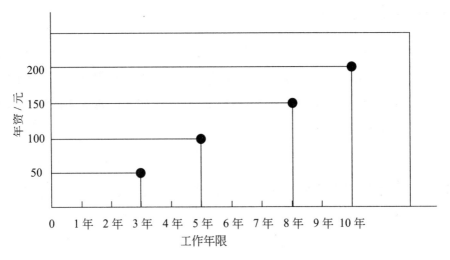

图5-9　某企业年资设计方案

11～15年：280元/年。16～20年：380元/年。21～30年：500元/年，30年封顶

3.绩效工资

绩效管理是人力资源管理活动中一个非常重要和基础的工具。现代绩效管理正在朝着管理人、激励人不断创造优秀业绩的方向发展。绩效管理已经演变为一门科学，越来越多的企业正在引入绩效管理系统，绩效管理这个科学的管理工具也发挥着越来越重要的作用。绩效管理的方法不同，绩效工资的计算方法也将有所区别，企业可根据实际情况选择有效的绩效管理方法。

4.加班工资

一般将在法定节假日和公休日内进行工作，称为加班；在标准工作日内的标准工作时外进行工作，称为加点。但习惯把加班和加点统称为加班。加班加点工资是指因加班加点而支付的工资。

5.福利

良好的福利对企业发展的意义非常重要，一方面可以吸引外部的优秀人才，另一方面可增加企业凝聚力，提高员工士气。许多企业越来越清晰地认识到，良好的福利有时比高工资更能激励员工。为员工创造良好的福利是企业以人为本经营思想的重要体现，也是政府一直所大力提倡的。

福利从性质上可分为强制性福利和非强制性福利两种；从员工属性上又可分为个人福利和公共福利两种。强制性个人福利是指国家法律法规明确规定的各种福利，包括养老保险、失业保险、医疗保险和工伤保险等。个人福利是各个企业为充分调动员工的积极性而主动设置的一些激励项目，一些企业向员工提供个人福利与员工的层级和岗位有关，但大多数员工都可享有其中一项或多项，这些项目包括住房津贴、交通津贴、电话津贴、外出旅游、餐费津贴和各种节假日的过节费等。

下面提供一份某公司薪酬管理方案的范本，仅供参考。

 【范本】 ▶▶▶ --

薪酬管理方案

1.目的

为充分发挥薪酬的作用，对员工为公司付出的劳动和做出的绩效给予合理补偿及激励，同时为体现不同岗位工作性质与特征的差异，对公司不同人群进行有针对性的薪酬设计。

2.适用范围

适用于公司内所有正式员工。

3.管理规定

3.1 薪酬总额

3.1.1 公司在实行工效挂钩的基础上，对薪酬总额进行控制。每年薪酬总额不能超过营业收入总额的预算比例，且薪酬总额的增长幅度低于营业收入总额的增长幅度。

3.1.2 财务部、人力资源部根据本年度的营业收入（销售收入、资金回收、利润情况等）、薪酬总额以及下一年度的经营计划及人力资源规划情况，对各职系中各职等和薪档的薪点数进行调整和确定；通过对下一年度各职等和薪档人数的预计，做出下一年度的薪酬预算。

3.1.3 薪酬预算根据公司年度经营目标按以下比例进行总额预算控制，并报经总经理审核并批准后执行。

年度经营目标	3千万元以内	3千万～1亿元	1亿～3亿元
薪酬总额预算比例	15%	13%	12%

注：1.薪酬总额包括：工资、提成、奖金、加班费、社保、公积金。

2.根据公司的发展定期对此表中的薪酬总额预算比例与年度经营目标的对应关系进行调整。

3.2 职系分类与薪酬结构

3.2.1 职系职类

3.2.1.1 管理职系：分为经营类、管理类、督导类三个职类；经营职类包括总经理、副总经理，管理职类包括经理级别职位，督导职类包括主管级别职位。

3.2.1.2 营销职系：分为市场拓展类、销售业务类、业务支持类三个职类；市场拓展类包括行业经理、市场专员，销售业务类包括销售工程师，业务支持职类包括跟单员。

3.2.1.3 技术职系：分为产品类、研发类、工程类、质量类四个职类；产品类包括产品工程师和技术支持工程师，研发类包括软件工程师、嵌入式软件工程师、单片机软件工程师、硬件工程师、测试工程师、结构工程师，工程职类包括PE工程师、IE工程师，质量职类暂时空缺。

3.2.1.4 专业职系：分为财务人资、计划物控、事务文职三个职类，财务人资职类包括总账会计、成本会计、培训专员，计划物控职类包括生产计划员、采购员、仓管员，事务文职职类包括人事文员、技术文员、前台文控。

3.2.1.5 制造职系：分为检验类、作业类两个职类，检验类包括进料检验员、制程检验员、成品检验员，作业类包括现场组长、维修作业员、测试作业员、组装作业员。

3.2.2 年薪制及薪酬结构

3.2.2.1 年薪制：适用于管理职系的经营职类和管理职类，营销职系市场拓展职类中的行业经理。根据公司每年下达的经营目标和各职能领域目标，依据承担的业务领域范围、工作责任、工作风险、工作复杂性与难度等要素，确定年薪的额度。

3.2.2.2 年薪制薪酬组成

适用职类	薪酬组成
经营职类	月度基本年薪＋月度绩效年薪＋效益年薪＋超额年薪＋福利
行业经理 大区总监 办事处经理	月度基本年薪＋月度绩效奖金＋效益年薪＋业绩提成＋福利

3.2.3 职能绩效工资制及薪酬结构

3.2.3.1 职能绩效工资制：以岗位对公司的相对贡献价值，即职位价值确定薪等，以员工任职能力高低确定薪级，以员工的劳动成果和工作绩效为依据支付劳动报酬。

3.2.3.2 职能绩效工资制薪酬组成：基本工资、职务工资、技能工资、保密工资、绩效奖金、专项奖金、业绩提成、福利。

3.2.3.3 各职类职能绩效工资制薪酬结构

适用职类	薪酬结构
管理、督导职类	（基本工资＋职务工资＋保密工资）＋绩效奖金＋福利
销售业务职类	（基本工资＋技能工资＋保密工资）＋绩效奖金＋业绩提成＋福利
研发技术职类	（基本工资＋技能工资＋保密工资）＋绩效奖金＋研发项目奖金＋福利
其他职类	（基本工资＋技能工资＋保密工资）＋绩效奖金＋福利

3.3　年薪制薪酬计算方法

3.3.1　经营职类年薪制

3.3.1.1　经营职类的年薪结构：月度基本年薪＋月度绩效年薪＋效益年薪＋超额年薪＋福利。经营职类个人年薪总额计算公式为

经营职类个人年薪总额＝经营职类年薪基数×责任系数×经营目标系数

3.3.1.2　经营职类个人年薪计算方法。

（1）经营职类个人年薪总额包含月度基本年薪、月度绩效年薪、效益年薪，其中月度基本年薪占年薪总额的50%，月度绩效年薪占年薪总额的25%，效益年薪占年薪总额的25%。

（2）月度基本年薪、月度绩效年薪分解至月度进行核算与发放，月度绩效年薪与当月绩效考核成绩挂钩，其计算公式为

经营职类月度工资收入＝（月度基本年薪总额÷12）＋（月度绩效年薪总额÷12）×当月绩效等级系数

（3）为了统一薪酬数据核算格式，经营职类月度基本年薪按薪点表对应薪点分解为基本工资、职务工资和保密工资。

（4）效益年薪根据任职者与公司签订的目标责任书，以年度各项绩效指标的完成状况和述职评估得分进行核算。计算公式为

经营职类效益年薪收入＝效益年薪总额×年度绩效系数×经营效益系数×任职时间系数

3.3.1.3　经营职类年度绩效系数（以I代替）。

年度绩效分数	年度绩效系数
$I \geqslant 100$	当公司利润目标达成，且公司经营效益系数大于1时，计发超额年薪
$100 > I \geqslant 95$	1.2
$95 > I \geqslant 90$	1.1
$90 > I \geqslant 85$	1.0
$85 > I \geqslant 80$	0.9
$80 > I \geqslant 75$	0.8
$75 > I \geqslant 70$	0.7
$70 > I \geqslant 65$	0.5
$65 > I \geqslant 60$	0.3
$I < 60$	0

（1）任职时间系数＝实际任职天数÷应任职天数（注：实际任职天数从转正当日开始计算，试用期期间不计效益年薪）。

（2）公司经营效益系数计算方法为

公司经营效益系数＝销售目标达成率×40%＋毛利目标达成率×40%＋回款目标达成率×20%

a. 销售目标达成率＝实际销售额÷目标销售额×100%。

b. 毛利目标达成率＝实际毛利额÷目标毛利额×100%。

c. 回款目标完成率＝实际回款金额÷计划回款金额×100%。

d. 当销售目标达成率≤30%时，经营绩效系数＝0。

3.3.1.4 经营职类超额年薪计算方法。

（1）超额年薪为公司经营目标达标后奖励超额完成工作业绩的经营职类人员。公司经营效益系数小于1或毛利目标达成率未达100%以上时，不计发超额年薪。

（2）当公司利润目标达成，且公司效益系数大于1时，为经营团队计发超额年薪。超额年薪计算公式为

超额年薪收入＝个人年薪总额×（公司效益系数–1）×（年度绩效系数–1）×任职时间系数

3.3.2 行业经理、大区总监、办事处经理年薪制

3.3.2.1 行业经理、大区总监、办事处经理的年薪制结构为：月度基本工资＋月度绩效奖金＋效益年薪＋业绩提成＋福利。个人年薪总额计算公式为

行业经理个人年薪总额＝行业经理年薪基数×行业系数×业绩目标系数

大区总监个人年薪总额＝大区总监年薪基数×区域系数×业绩目标系数

办事处经理个人年薪总额＝办事处经理年薪基数×业绩目标系数

3.3.2.2 行业经理、大区总监、办事处经理个人年薪计算方法。

（1）个人年薪总额包含月度基本年薪、月度绩效年薪、效益年薪，其中月度基本年薪占年薪总额的60%，月度绩效年薪占年薪总额的15%，效益年薪占年薪总额的25%。

（2）月度基本年薪、月度绩效年薪分解至月度进行核算与发放，月度绩效年薪与当月绩效考核成绩挂钩，其计算公式为

月度工资收入＝（月度基本年薪总额÷12）＋（月度绩效年薪总额÷12）×当月绩效等级系数

（3）为了统一薪酬数据核算格式，行业经理月度基本年薪按薪点表对应薪点分解为基本工资、技能工资和保密工资，大区总监、办事处经理月度基本年薪按薪点表分解为基本工资、职务工资和保密工资。

（4）效益年薪根据任职者与公司签订的目标责任书，以年度各项绩效指标的完成状况得分进行核算。计算公式为

效益年薪收入＝效益年薪总额×年度绩效系数×毛利系数×任职时间系数

3.3.2.3 行业经理年度绩效系数

年度绩效分数	年度绩效系数
$100 > I \geqslant 95$	1.2
$95 > I \geqslant 90$	1.1
$90 > I \geqslant 85$	1.0
$85 > I \geqslant 80$	0.9
$80 > I \geqslant 75$	0.8
$75 > I \geqslant 70$	0.7
$70 > I \geqslant 65$	0.5
$65 > I \geqslant 60$	0.3
$I < 60$	0

（1）任职时间系数＝实际任职天数÷应任职天数（注：实际任职天数从转正当日开始计算，试用期期间不计效益年薪）。

（2）毛利系数计算方法。

毛利率	毛利系数
45%以上	1.2
45%＞毛利率≥40%	1.1
40%＞毛利率≥35%	1.0
35%＞毛利率≥30%	0.8
30%＞毛利率≥25%	0.6
25%以下	0.3

注：公司在侧重于业绩增长而不是利润增长的时候，可以设计为只奖不罚。

3.4 职能绩效工资制薪酬计算方法

3.4.1 职能绩效工资的维度

3.4.1.1 职位。职位不同，所做的贡献、工作的难度以及所担负的职责和风险都不同，其工资必须有所区别。

3.4.1.2 任职能力。任职能力是指员工担任某职位所应具备的素质、知识、技能和工作行为的综合表现。

3.4.1.3 绩效。绩效是指员工实际达成的工作成果，以绩效考核为依据，绩效工资将随着考核成绩进行上下浮动。

3.4.2 薪点表

3.4.2.1 根据行业薪酬水平及内部薪酬策略，确定公司的整体工资水平，设计薪点表。在薪点表上，某职位等级与某任职能力等级共同对应的薪点称为职能等级薪点。

3.4.2.2 职能绩效工资总额以公司的薪点表为标准，从薪点表获取的薪点，对应相应的工资，包括基本工资、职务工资或技能工资、保密工资、绩效奖金基数的四部分，是员工工资的总和。

3.4.3 职能绩效工资各类标准

3.4.3.1 从薪点表上获取的薪点包含本岗位的基本工资、职务工资或技能工资、保密工资和绩效奖金基数。

3.4.3.2 基本工资标准。

薪等	35～36等	37～38等	39～40等	41～42等	43等	44等
基本工资标准/（元/月）	1600	1700	1800	2000	2200	2500
薪等	45等	46等	47等	48等	49等	50等
基本工资标准/（元/月）	3000	3500	4000	4500	5000	5500

3.4.3.3 职务工资标准。

职务	总经理	副总经理	总监	经理	副经理	主管
职务工资标准/（元/月）	3000	2500	2000	1500	1000	500

3.4.3.4 技能工资标准。

单位：元/月

能力等级	职类											
	市场拓展类	销售业务类	业务支持类	产品类	研发类	工程类	质量类	财务人资类	计划物控类	事务文职类	检验类	作业类
资深	3000	1800	1200	1800	3000	1800	1600	1600	1600	1000	800	800
高级	2000	1200	800	1200	2000	1200	1200	1200	1200	700	500	500
中级	1500	800	400	800	1500	800	800	800	800	400	300	300
初级	1000	500	200	500	1000	500	500	500	500	200	100	100
储备	500	200	0	200	500	200	200	200	200	0	0	0

3.4.3.5 保密工资：根据任职员工工作所涉及的重要信息、资料、数据的深入程度以及职位的重要性，分六个等级标准进行计算与发放。

保密工资等级	保密工资发放标准/（元/月）
一级	5000
二级	3500
三级	2500
四级	1500
五级	1000
六级	500

3.4.3.6　绩效奖金基数为薪点数减去基本工资、职务工资或技能工资、保密工资后的金额，例如某员工职位等级为40等5级，薪点为3600元/月，基本工资为1800元/月，技能工资为500元/月，保密工资为500元/月，则绩效工资为700元/月。

3.4.4　职能绩效工资制计算方法

3.4.4.1　当员工的职位与能力没有发生变化时，基本工资、职务工资或技能工资不变，实际绩效奖金则随每个考核周期的结果不同而变化。计算公式为

员工月度工资收入=基本工资+职务工资或技能工资+（绩效奖金基数×个人绩效系数）

3.4.4.2　个人绩效等级相对应的个人绩效系数如下。

个人绩效等级	S	A	B	C	D
挂钩比例	1.2	1.0	0.8	0.5	0.2

例如：某员工的绩效基数为800元/月，当月绩效考核等级为S级，则该员工本月应得绩效奖金=800×1.2=960（元）；某员的绩效基数为500元/月，当月绩效考核等级为B级，则该员工本月应得绩效奖金=500×0.8=400（元）。

3.4.5　职能工资的核算与发放

3.4.5.1　财务部负责公司员工工资核算。各部门按时提供相应的工资核算资料，如考勤表、绩效考核汇总表等，财务部将薪酬核算数据审核无误后，报总经理审批。财务部按审批后的工资表发放工资条及员工工资。

3.4.5.2　依据国家税收政策和员工所得工资额扣除相应个人所得税。社会保险每月从员工工资中扣除员工应交部分。

3.4.5.3　月薪发放日期：每月15日前发放，逢休息日、节假日顺延。员工如果对当月工资数额有异议，须于收到工资条2日内向人力资源部提交书面报告。人力资源部在5个工作日内调查清楚异议原因，并配合财务部做好更正工作，差额在下月工资中补发。

3.4.6　工龄工资

3.4.6.1　工龄工资是为了体现对老员工的尊重和重视，加强员工对公司的忠诚度。按任职年限予以计算。

3.4.6.2　工龄工资计算标准：每年以30元/月为标准，逐年增加，员工入职满1年后，自第二年始计算工龄工资，员工中途离开公司后又进入公司者，按新员工处理。工龄超过10年的员工工龄工资不再增长。

3.4.6.3　工龄工资仅适用于主管级以下员工。当员工的职位发生变化，不符合工龄工资条件时，从职位变动当月起，取消工龄工资。

3.5　工资特区

3.5.1　工资特区适用范围

3.5.1.1 设立工资特区是为激励和吸引优秀人才，使企业与外部人才市场接轨，提高企业对关键人才的吸引力，增强公司在人才市场上的竞争力。

3.5.1.2 工资特区针对不适合年薪制、职能绩效工资制的特殊人才。其中包括：有较大贡献者、稀缺人才、顾问、特聘人才等。

3.5.1.3 工资特区工资总额可由该职位上级领导与人力资源部共同建议，由总经理批准。

3.5.2 设立工资特区的原则

3.5.2.1 谈判原则：特区工资以市场价格为基础，由双方谈判确定。

3.5.2.2 保密原则：为保障特区员工的顺利工作，对工资特区的人员及其工资严格保密，员工之间禁止相互打探。

3.5.2.3 限额原则：特区人员数目实行动态管理，依据企业经济效益水平及发展情况限制总数，宁缺毋滥。

第二周　员工福利管理

对福利进行积极有效的管理，在降低企业人工成本、激励员工等方面可以起到很好的作用。

问题75：员工福利由哪些构成？

通常而言，福利包括两个部分，如图5-10所示。

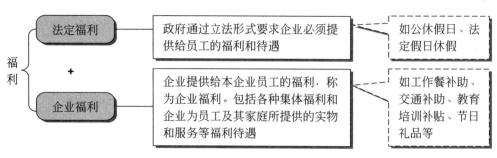

图5-10　福利的构成

这两部分福利具体可分为以下几类。

1.法定社会保险

市场经济国家的企业，要面对很多法律规定必须提供的福利项目。我国目前法律规定的社会保险项目有：养老保险、失业保险、工伤保险、医疗保险以及生育保险，如图5-11所示。

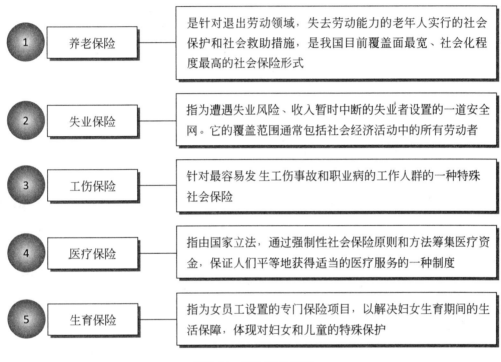

图5-11　法定社会保险

2.企业补充保险计划

企业补充保险包括补充养老保险、补充医疗保险等。

补充养老保险是企业补充保险计划的核心组成部分，在国外称为企业年金。

补充养老金的来源：有的是雇主一方缴纳，有的是雇主和员工双方缴纳，但企业是主要的出资人。

3.带薪节假日与假期

（1）公休假日。

公休假日是指劳动者工作满一个工作周之后的休息时间。我国实行每周40小时工作制，劳动者的公休假日为每周2天。

（2）法定假日休假。

节日是劳动者的休息时间，员工在节日期间享受正常的工资是各国立法规定的劳动者的权利。对于公司来说，向员工支付非工作报酬是一项员工福利。我国法定的劳动者休假节日为元旦、春节、清明节、国际劳动节、端午节、中秋节、国庆节以及法律、法规规定的其他休假节日。

（3）带薪年休假。

带薪年休假指员工满一定工作年限，每年享有照发工资的连续休假时间。企业通常将一定的本企业工龄作为享受休假待遇的基本条件，休假时间长短可根据本企业工龄、员工年龄、员工的职级等因素确定。休假期间的薪金标准可以是平常工资标准。《中华人民共和国劳动法》规定，我国实行带薪年休假制度。劳动者连续工作1年以上，可享受带薪年休假待遇。

（4）带薪事假、带薪病假、带薪产假。

带薪事假是指员工因某些事由请假不超过一定的期限，公司仍给付一定的薪金，并为其保留工作岗位。带薪病假实质上属于医疗保险待遇范畴，带薪产假实质上属于员工生育保险待遇范畴，但由于病假、产假期间工资仍由公司支付，因此被视为员工福利的内容。

4.各种补贴或补助

各种补贴或补助如表5-2所示。

表5-2　各种补贴或补助

序号	项目	说明
1	家庭补贴	常见的项目有：结婚补贴、安家补贴、育儿补贴、赡养老人补贴、子女教育补贴、生活费用补贴等
2	住房补贴	给予员工在居住方面的生活补贴。相当多的企业为员工提供住房补贴，或者提供购房内部优惠贷款，或者无偿或低租分配员工住房，或者建立住房公积金计划，帮助员工积累购房资金
3	交通补贴	有多种形式。例如，直接出动交通车，在固定时间接送员工上下班；提供现金交通补贴；企业直接向公交公司付费，员工在固定线路上免费乘车等
4	工作餐补贴	是普遍实行的员工工作福利项目。具体形式有提供现金补贴、免费或低费提供工作餐等
5	教育培训补贴	对提高文化水平和工作技能的员工来说，教育培训补贴是一项福利待遇，对雇主而言，则是一笔重要的人力资本投资。有的雇主为员工支付教育培训所需的全部费用，有的支付一定比例，有的则按统一标准支付

5.各种优惠服务

各种优惠服务包括两个方面,如图5-12所示。

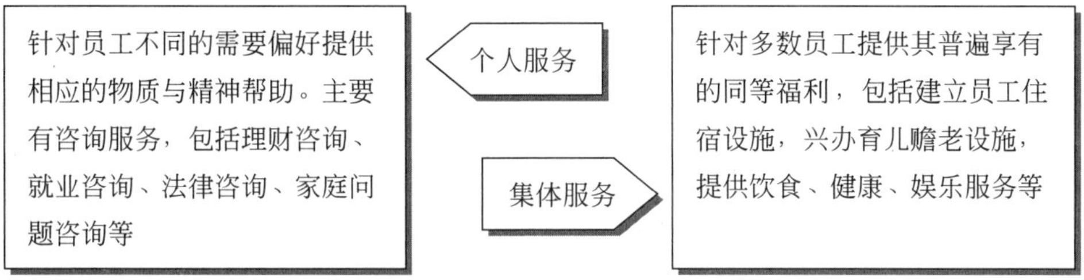

针对员工不同的需要偏好提供相应的物质与精神帮助。主要有咨询服务,包括理财咨询、就业咨询、法律咨询、家庭问题咨询等

个人服务

集体服务

针对多数员工提供其普遍享有的同等福利,包括建立员工住宿设施,兴办育儿赡老设施,提供饮食、健康、娱乐服务等

图5-12 各种优惠服务

此外,许多企业近年来还推行一种灵活的福利计划,俗称"自助餐"式的福利计划。该项计划的提出,主要是针对传统的企业福利计划,是考虑一些员工的家庭有其他成员,例如配偶、孩子或者老人,为了满足员工家庭生活的需要,提供统一的生活服务和物质支持,如养老计划、保健计划、带薪休假、子女照料等。但是随着国外家庭模式的多样化,一些单身或者单亲家庭增多,企业面临不同需求。

比如,单身员工没有照顾家庭和子女的需要;单身母亲更需要提供抚养孩子方面的支持,而不是带薪休假,无子女的员工认为养老计划对他们更重要。

因此"自助餐"式福利计划的提倡者认为该计划的实施能协调这些矛盾,满足员工多样化的需求,同时有助于克服传统福利计划中利益享受不均的弊端。

特别提示

不同的企业,员工的福利需要可能是不相同的,人力资源部在安排福利项目时可能有多种选择,不同的福利组合会产生不同的影响,人力资源部应根据企业的自身实际情况,在对员工福利需求调查分析的基础上,选择适当的福利项目组合。

问题76:如何制订员工福利计划?

1.员工福利计划的类型

通常员工福利计划主要由以下部分组成:国家规定实施的各类基本的社会保障,企业年金(补充养老金计划)及其他商业团体保险计划,股权、期权计划,其他福利计划等,具体如图5-13所示。

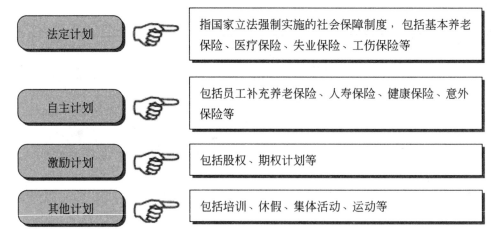

图 5-13　员工福利计划的类别

2.员工福利计划的制订原则

人力资源部在制订员工福利计划时应遵循以下原则。

（1）内部激励效力原则。

就增强内部激励效力而言，人力资源部应该决策以哪些员工作为福利的主要受益对象，是全体员工，还是部分员工？如果是部分员工，哪些员工的需要应该优先得到满足？如何满足他们？目前许多企业提供的福利不单纯具有普遍福利的性质，更多的是作为一种激励手段，所以，能否起到内部激励作用是福利计划制订的一个先决条件。

（2）外部竞争力原则。

就增强企业外部竞争力而言，人力资源部还需要了解其他企业都向员工提供了什么形式的福利项目？通过什么形式提供的？效果如何？本企业准备向员工提供什么样的福利？提供多少？选择什么样的提供方式？提高福利的外部竞争力是企业福利制定的另一个重要原则。

（3）内部公平原则。

公平性体现在如图5-14所示的两个方面。

图 5-14　公平性的体现

问题77：如何制定与实施福利政策？

福利管理政策是企业福利管理的纲领。福利政策有利于把公司的经营策略关于管理的一些基本理念，甚至业务工作的一些保障、经营管理上的一些要求落实到具体的福利工作中。福利政策做好了，日常的福利工作就会很有序，很有效果。

1. 福利政策的制定

人力资源经理在制定福利政策时，应注意以下两点。

（1）福利政策应与企业整体战略一致。

人力资源经理在制定企业福利政策时，十分有必要从战略层面进行分析和思考，使设计出的福利政策适应企业的发展，既要考虑企业的长期和短期发展目标，又要考虑企业不同的发展阶段。当企业处于创建成长时应采取高绩效、低福利政策，以便使企业成长与员工收益相结合，降低企业风险。对于成长稳健型的企业，则应加大福利的比例，提高管理效率。

（2）福利政策一定要考虑到员工的偏好和需求。

员工的性别、职业、年龄、婚姻状况等差异对福利的类型需求有很大的影响。年龄偏大的员工可能对养老金、医疗保险等福利更感兴趣，已婚员工对家庭福利和休假更感兴趣，而年轻人可能希望有更多的培训机会。所以人力资源经理要对员工进行福利需求调查，对不同人员采用不同的福利类型。另外，福利组合对员工队伍的构成也会产生重要影响，如一种富有吸引力的养老金计划可能是吸引愿意在企业长期工作的员工的重要方式。

2. 福利政策的实施与维护

福利政策制定后，怎样实施才有效，才能把它变成一个活的政策，能够对日常的福利工作起到指导作用呢？比较重要的有以下几点。

（1）福利政策与福利预算配套。

这是最关键的一点。与薪资管理一样，薪资管理有个薪资预算，福利管理也有个福利预算。福利预算具体内容是什么呢？通常来讲有员工总体报酬40%～60%的福利基金，这些钱怎么用，每年都由哪些部门去用，可以做哪些事情，花多少钱，各部门权限是多少，在预算里都要明确，也包括一些新的项目、一次性的项目。福利是个很敏感的事情，标准一旦制定出来以后，第二年最好别再更改，所以在做预算的时候，人力资源经理一定要做一个合理的规划。

（2）董事会、经营层批准。

福利政策，甚至包括福利预算要由董事会、经营层批准，而不能只是福利经理或者人力资源经理通过就可以了，这样没有权威性，有时候可能相关的部门不见得会执行。

（3）工会、职代会参与。

人力资源经理在制定整个福利预算或福利政策的过程中，最好要有工会或者职代会的代表参加，真正代表员工的需要。实际实施时，工会也会扮演一个比较重要的角色。工会有一个职责，就是要做好员工某些方面的福利工作。

（4）相关部门实施。

整个现代企业经营体制下，福利工作的主管部门应该是人力资源部门，这是很重要的一点。但在具体实施过程中，也需要相关部门的配合。

比如，人力资源部制定的员工旅游福利政策，就需要各部门相互协调，确保所有员工能真正享受到这项福利。

问题78：如何控制福利成本？

人力资源经理在制订福利计划时，应充分考虑其成本，应该将之控制在一个合理的范围内。

1.控制雇佣人数

通过雇用人数进行福利控制。为了更好地管理企业的劳动力成本，许多企业会选择和不同的员工团体之间建立不同性质的关系：与核心员工之间的关系一般是长期取向的，而且彼此之间有很强的承诺；与非核心员工之间的关系则以短期取向居多，只局限于指定的时间段内。同时，非核心员工与核心员工相比，其劳动力成本相对较低，而流动性却更强一些。因此，采用这种方式之后，企业可以在不触及核心员工利益的前提下，通过扩张或收缩非核心员工的规模来保持灵活性并达到控制劳动力成本的目的。

2.设计福利计划及平均薪酬水平

通过有目的地设计福利计划以及对平均薪酬水平的调整来进行福利控制，可以把企业的福利支出分为两类：与基本薪酬相联系的福利以及与基本薪酬没有什么联系的福利，如图5-15所示。

对于不同的人员，人力资源经理应根据他们的需要制订不同的福利计划，一来更好地满足员工的需求，二来免去提供不恰当福利的成本，否则不仅没有达到激励员工的效果，还浪费了成本。

1 与基本薪酬相联系的福利

如人寿保险和补充养老保险，其本身变动幅度一般不大，但与基本薪酬相联系，会随基本薪酬的变化而变化，应当采用调整平均薪酬水平的方法来达到福利控制的目的

2 与基本薪酬没有什么联系的福利

主要是一些短期福利项目，例如健康保险、工伤补偿计划等，对这部分福利就应当通过有目的地设计福利计划来达到福利控制的目的

图5-15　福利的支出分类

福利支出的成本还应该考虑到有关管理费用的问题。举例来说，当组织内部实施的保险并非为自保险制度时，企业就必须向保险商交纳一定的管理费用，这也应该被考虑在福利预算和控制的范围之内。

特别提示

为了控制福利成本，企业可以采取一系列措施，如对员工进行健康教育，降低疾病的发生；有些规模大的公司开始实行以低费率购买医疗保险（企业补充保险），因为这可以将固定成本分散到较多员工身上，从而降低每个人所承担的成本。同时，员工必须根据不同的健康状况和风险因素来按不同的费率交纳，而不再是所有员工按同一标准交费。

问题79：如何创新福利管理？

现代社会的福利管理，已经纳入企业目标系统，并与员工的薪酬管理组成一个有机的报酬管理体系。但是，随着福利类型的增多，福利开支已成为企业开支的一个重要组成部分，许多经营状况不佳的中小型企业已经实施"成本抑制"计划。此外，福利的均等性问题也越来越突出。这都要求企业必须在福利管理上不断进行改革和创新。目前，企业的福利管理创新主要做法包括如图5-16所示的几项内容。

1.创建"一揽子"薪酬福利计划

许多中小型企业不再将薪酬与福利管理分成互不搭界的两项管理工作，而是成为一个有机的组成部分。两种手段互相配合，共同围绕企业目标运转。例如，一些项目适宜

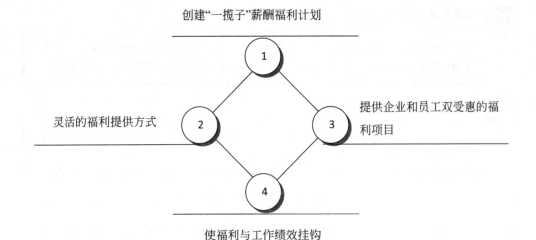

图5-16　创新福利管理的措施

货币的，就采用货币支付的方式；反之就采用非货币，即福利支付的形式。对一些奖励性报酬，可以采取货币与福利并用的方式。

2.灵活的福利提供方式

灵活方式也称"自助餐式"的福利管理方式，即员工可以在多种福利项目中根据自己的需要进行选择。例如，单身员工不选择儿童保健，但可选择附加养老金福利；夫妻双方可以选择不同的福利项目。这种"自助餐式"的福利也可以分成两种类型：一种是基本保障型，人人必须拥有，例如，一些法律规定的福利，必须执行；另一种是各取所需型，个人根据需要自行选择。

3.提供企业和员工双受惠的福利项目

例如，员工在职学习的学费资助，是许多企业提供的一项员工福利，对促进员工人力资本投资很有益处。但一些员工不甚了解，也不去关心，只有少数员工充分利用，多数员工不闻不问。对此，一些企业进行有意识地引导，鼓励员工享受这些福利，起到满足员工高层次需求和企业人力资源开发的双重效果。

4.使福利与工作绩效挂钩

传统观念认为，福利支付以劳动量为基础，但并不与个人劳动量直接相关，基本工资与个人劳动量息息相关，但多数福利形式只与工作人数有关，而与劳动时间无关。如带薪休假、工作餐等，只与资历有关，和加班没有关系。正因为这样，福利缺乏激励性。其实，科学合理的福利政策与员工绩效是紧密相连的。除法定福利外，企业自行制定的各种福利都可与绩效挂钩，起到激励的作用。

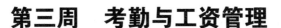

第三周　考勤与工资管理

为了规范员工上下班行为，提高工作效率，并为工资结算、福利补贴等提供准确的依据，企业有必要做好员工的考勤与工资管理。

问题80：如何做好考勤管理？

考勤管理既是职工出勤的依据，也是支付工资及发放各种福利待遇的凭证，加强职工考勤管理工作，严肃职工出勤考核管理制度，防止弄虚作假现象发生，维护单位和职工双方面的合法权益是企业必须高度重视的一项工作。

1.制定考勤制度

企业应制定明确、公正、合理的考勤规章制度，约束全员共同遵守，从而使得人力资源部在处理考勤的时候，有理可依，有据可查，避免出现相互扯皮、推诿的现象发生。考勤管理制度在制定过程中，要结合实际情况，比如：交通、公司办公地址、人员居住情况等。切忌一味死板强硬，没有体现出人性化，让员工心生反感，满腹牢骚。

考勤制度主要是按照劳动合同法、工资支付暂行条例等法定条款并结合单位实际及与领导协商相关举措，其章节结构为：总则、考勤管理和休假三部分。

（1）总则。

总则主要规定此项制度的适用范围、考核项目、工作作息时间、工作时长等相关内容。关键是指出在何领域内调整用人单位与劳动者之间的劳动民事关系。

（2）考勤管理。

考勤管理包括：考勤方式、考勤打卡时间等相关规定、请假申请审核程序及相关规定、迟旷工等情形的规定。

（3）休假。

一般分为正常休息日、法定节假日；特殊的有针对女性员工的产检假、产假、哺乳假、陪产假等；也有婚假、丧假；意外性的有工伤假；福利性的有生日假，子女陪考假。其中要特别提出的是年休假，多数单位是按照弹性休假自行调控；有些单位是以发放3倍工资代替；有些单位时有有悖劳动合同法而直接口头告知无年休假也无任何补助。因此针对这方面要格外小心，在经领导确认后方可制定。

2.考勤的实施控制

（1）强化劳动纪律。

应该强化劳动纪律的管理，其实，考勤只是劳动纪律的一个方面，只要员工的劳动纪律规范了，自然就不会抵触考勤。人力资源部在进行考勤实施的时候，必须坚持原则，如果考勤只是一种形式，不对结果进行通报，那么将会失去意义。

（2）做到奖勤罚懒。

应该做好积极的制度建设，并且坚持结果的运用，如果有明显违反纪律的人员，就应该适当给予惩罚，以免扰乱良好的工作纪律。

（3）要灵活处理。

考勤管理实施过程中，如有特殊情况，需要人力资源部依据规章制度灵活处理。例如：员工上班途中遭遇车祸、交通管制、暴雨暴雪等，这些外界因素是不可控的，也是不可逆的。针对屡次无故迟到的员工，重点约谈。如若对方仍然不改，继续迟到，必要时人力资源部可采取相应的惩罚措施。

若考勤制度不合理，员工执行起来会有困难。人力资源部应从员工角度出发，调整考勤制度。

比如，有家公司要求员工每天上下班必须指纹打卡，有的员工外出办事，白天忙完工作，晚上还得专门去公司打指纹卡，导致员工情绪不满，都不爱外出办事，影响工作积极性和工作效率。人力资源部多次与领导沟通交流，领导同意外出员工可手机打考勤卡。

特别提示

作为企业的管理者，特别是人力资源经理，不但要起到模范带头作用，还要充分地与部门员工沟通，经常到基层与员工进行谈心，多去关怀员工，找到迟到早退的真正原因，用真诚和善意打动员工，保证沟通无障碍，这是企业走向和谐的一个基本因素。

问题81：如何制定奖金制度？

奖金制度的制定是奖金管理工作的主要内容。为了正确地制定奖金制度，要求做到：奖金的发放要符合奖金的性质，必须是只与职工超额劳动的成果挂钩，必须切实贯彻多超多奖、少超少奖、不超不奖的奖金分配原则，反对平均主义。根据上述要求，制定奖金制度要做好以下几方面工作。

1.确定奖励的项目

首先要根据本企业生产、工作的需要确定奖励的项目。比如某企业的产品质量是影响整个生产的关键，为此，即可设立质量奖。根据上述奖励条件可以划分如图5-17所示的奖励项目。

1 刺激员工超额贡献的奖励项目

这些项目体现多超多获奖的原则，例如通过测评产品数量、产品质量、销售、利润等指标决定奖励薪酬分配

2 约束员工节约成本、减少消耗的奖励项目

这些项目体现为企业增收节支就可获奖，例如根据原材料消耗、劳动纪律、操作规程、客户投诉等指标决定奖励薪酬分配

3 体现部门性质的奖励条件和奖励指标

例如生产部门主要以产量和质量以及原材料消耗等作为奖励条件；销售部门主要以销售量和销售收入作为奖励重点；服务部门主要以上岗情况和服务质量作为奖励依据

图5-17　奖励项目

这些项目独立评价，可以作为单项奖参考指标；全面考察，就是综合奖的评价指标，企业可以根据需要进行选择和组合。

2.规定奖励条件

（1）确定奖励条件的原则。

奖励条件，即奖金发放的标准，一般是指特定奖项所要求的超额贡献的数量和质量标准，奖励条件的确立原则如图5-18所示。

 要与员工的超额贡献紧密结合，实行多超多奖、少超少奖、不超不奖的奖励原则

 对不同性质的超额贡献采用不同的评价指标和奖励方式，准确反映各类员工所创造的超额贡献的价值

 将奖励的重点放在与企业效益有关的生产环节和工作岗位，以达到提高企业生产经营效益、降低生产成本的最终目的

 奖励条件做到公平合理、明确具体、便于计量

图5-18　奖励条件的确立原则

科学化、数量化和规范化的工作评估体系是奖励工作的基础。我国企业中常用的奖励指标和奖励条件见表5-3。

表5-3 我国企业中常用的奖励指标与奖励条件

部门	奖励指标	奖励条件
生产部门	产量或工作量	超出目标量部分，按比例计奖
	产品质量	合格率、优良率，超标计奖
	产品投入产出	产出量与投入量的比值，超标计奖
	原材料消耗	单位产品物耗、允许损耗，从节约值中计奖
	利润	超出生产利润指标，从超值中计奖
	劳动纪律	可设全勤奖
	操作规程	全月无违规，可计奖，如安全奖
	客户投诉	全月投诉在规定范围以内可计奖
	交办事项	完成时效、质量，可计奖
	其他	工作环境、出勤率、服务满意程度等
销售部门	销售或订货	单位时间完成销售量或订货量
	货款回收	在限期内货款的回收率
	毛利率	产品定价与成本比率
	其他	客户跟踪、档案管理等
服务部门	所属部门效率	按所属部门平均奖金一定比率计奖
	部门特定指标	如盘库误差率、维修及时率、故障率、保养费支出等
	其他	出勤、用户投诉等

（2）制定奖励条件的步骤。

人力资源经理应根据企业内部各单位不同情况以及职工工作的特点规定奖励条件。制定奖励条件可以分步骤进行，如图5-19所示。

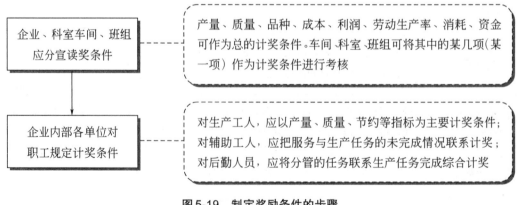

图5-19 制定奖励条件的步骤

3.确定奖励形式和计奖办法

即根据生产、工作的需要，通过奖励项目的特点和奖励条件的要求来确定恰当的奖励形式及办法。具体做法是，按照计奖条件规定的奖励指标的多少，来区别确定是采取综合奖形式，还是单项奖形式；对其中能进行个人考核的，可确定为个人计奖形式，只能进行集体考核的，则采取集体计奖形式。

一般来说，综合奖多为按月或季度考核计奖，并大都实行记分计奖办法；单项奖有的按月或季以及年度考核计奖，有的是一次性奖励，有的采取记分计奖办法，有的采取按绝对数计发奖金等办法。

具体的奖励形式和计奖办法是多种多样的，企业可以根据实际情况和需要自行制定并及时予以改进。

4.确定奖励周期

奖励周期是指奖金核算、支付的时间单位。奖励周期的确定应视奖励指标的性质和工作需要选择，具体如图5-20所示。

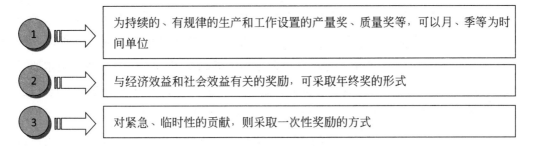

1 为持续的、有规律的生产和工作设置的产量奖、质量奖等，可以月、季等为时间单位

2 与经济效益和社会效益有关的奖励，可采取年终奖的形式

3 对紧急、临时性的贡献，则采取一次性奖励的方式

图5-20 奖励周期的确定

5.确定奖励范围和奖金标准

即按照与奖励指标有直接联系的职工人数确定奖励范围；然后，企业在奖金总额范围内，根据各项奖励的重要性、完成奖励条件的难易和计奖人数的多少，合理确定各项奖励金额分别占企业奖励基金总额（或效益工资基金中用于奖金的部分）的比例。

一般来说，对企业生产影响最大，且计奖人数又多的奖励项目，其奖金额占企业奖励基金的比例就大；反之，则小。

按照规定的比例分别计算出各项奖金数额后，再根据分级分配的有关办法，将各项奖金数额分配到各车间、科室，然后根据各项奖励的不同计奖办法计算出奖金标准。在规定具体的奖金标准时，应注意以下几点。

（1）对于主要工种和超额完成任务比较困难的工种，应当规定较高的奖金标准。

（2）对于辅助工种和超额完成任务比较容易的工种，规定的奖金标准就要低一些。

（3）在一般情况下，工人的奖金标准可以高于一般管理人员；从事繁重体力劳动的工人的奖金标准应当高于从事轻便劳动的工人；企业经营者由于责任重大，他们的工作好坏直接关系到本单位劳动成果的大小，因此，他们的奖金应该明显高于普通职工，但也不能太高，以免引发大面积的不满。

问题82：如何控制加班费？

所谓加班，是指根据《中华人民共和国劳动法》（以下简称《劳动法》）的有关规定，一般指用人单位由于生产经营需要，经与工会和劳动者协商后，安排劳动者在法定工作时间以外工作。

需注意的是，加班是建立在用人单位与劳动者协商基础上的，用人单位不得强迫员工加班，员工也无权单方面决定加班。而对于加班费的控制，可以从以下几个方面着手。

1.制定加班管理制度并让员工确认

按照法律规定，员工超过规定的工作时间应该支付加班工资，现在很多企业确实普遍存在员工经常加班的情况，但是也有一些企业员工将本来能够在正常工作期间完成的工作任务拖延到下班以后完成，因此很多企业为了提高员工的工作积极性，规定要先审查所要加班的工作内容是否在规定的期间内是无法完成的，确实无法完成的才允许加班，同时，要确保员工确实在加班，这种制度就是加班管理制度。

加班管理制度是单位用工制度的重要组成部分，企业可以将加班管理制度约定在劳动合同中，也可以根据自身的情况将加班管理制度规定在员工手册或者企业的规章制度中。

如果企业将加班管理制度约定在员工手册或者企业的规章制度中，则必须要将员工手册发放到员工手中或者将规章制度予以张贴公示，并注意保留证据，否则可能会给企业带来很多麻烦。因为根据相关规定，企业的规章制度只有向劳动者公示了才可以作为定案的依据。

2.严格界定加班情形

为提倡员工高效率工作，能在正常工作时间内完成的坚决不拖延，所以必须对加班（加点）的情况进行界定，如下所示。

（1）原定工作计划由于非自己主观的原因（即设备故障、临时穿插了其他紧急工作等）而导致不能在原定计划时间内完成而必须在原定计划内完成的（如紧急插单，而原订单也必须按期完成）。

（2）临时增加的工作必须在某个既定时间内完成的（如参加展会）。

（3）某些必须在正常工作时间之外也要连续进行的工作（如抢修设备）。

（4）某些限定时间且期限较短的工作（如仓库盘点）。

（5）公司安排的其他加班（加点）工作。

3.加班申请与审批

任何计划加班的部门和员工都必须在事前履行申请和审批手续（如有特殊情况事前来不及办理，也要事后补批，同时有证明人签字）。

4.确定加班费的核算基础，减少加班费"单价"

加班费数额的大小，一方面取决于加班的时数多少，另一方面取决于加班费核算的基础，加班费核算的基础不同，加班费总额则完全不一样。为了对员工进行薪酬激励，同时有效控制加班成本，可对员工的工资进行结构设计，一部分为岗位（技能工资），另一部分为绩效工资。岗位（技能）工资随岗位（技能）的差别而不同，但是是固定的；绩效工资则随个人业绩不同而变化，是浮动的。由于绩效工资是浮动的，体现的是绩效水平的差别，事实上是绩效奖金的性质，所以不能以此为依据计算加班费，只能以固定的那部分岗位工资（技能工资）为基础来计算，这样加班费核算的基础变小了，总的加班成本就得到有效控制。

以某工厂车间主任为例，他的岗位工资是3500元/月，绩效工资在考核系数为1时为1200元/月，在计算加班费时就以3500元/月为计算的基数，而不是以4700元/月。

5.监督检查，杜绝虚假加班

管理的四要素是计划、组织、领导和控制。没有控制这一环，再好的措施都可能落不到实处。所以，企业一方面充分相信员工的自觉性，另一方面应加强员工的加班管理，保证加班真正能起到应有的作用。具体可以由人力资源部组织不定期地深入加班现场了解加班的进展情况，督察员工在加班期间保持应有的工作效率，一旦发现有冠加班之名而无加班之实的员工，马上进行处罚，通报全公司，以儆效尤。

问题83：如何核算工资?

工资形式是指工作计量与工资支付的方式，就是在确定各类员工工资等级标准的基础上，计量各个员工的实际工作数量，并把员工的工资等级标准与他们的工作数量联系起来，计算出企业应当支付给员工的工资报酬量，并由企业按照预定的支付周期直接支付给员工本人。

目前企业中广泛运用的主要工资形式包括计时工资制、计件工资制、浮动工资制、提成工资制，其中计时工资制和计件工资制是基本工资形式，辅助工资形式包括资金、津贴、补贴和福利等。

1.计时工资的核算

计时工资制是按照员工的技术熟练程度、劳动繁重程度和工作时间的长短来计算及支付工资的一种分配形式。它由两个因素决定：一是工资标准；二是实际工作时间。

由于计算时采用的时间单位不同，计时工资可分为三种具体形式，如表5-4所示。

计时工资制也存在着一些不足之处，在实行过程中还有一定的局限性：侧重以工作的外延量计算工资，至于劳动的内含量即劳动强度则不能准确反映；就员工本人来说，难以准确反映其实际提供的工作数量与质量，工资与工作量之间往往存在着不相当的矛盾；就同等级的各个员工来说，付出的工作量有多有少，工作质量也有高低之别，而计时工资不能反映这种差别，容易出现干多干少、干好干坏一个样的现象；计算单位产品的直接人工成本也不如计件工资制容易。

因此，在实行计时工资制时，也要采取必要的措施，避免上述问题的发生。其中主要的有如图5-21所示的几项。

1 制定科学、合理的技术、业务标准和工资标准

这是顺利实行计时工资制的前提。只有这样，才能使员工之间不同的工作量及相应的不同劳动报酬量能得到体现，正确地贯彻按劳分配的原则

2 要建立科学的劳动定额制度

具体办法是，对工人规定劳动定额，对管理人员规定岗位责任制与工作量任务。凡完成任务者，都可以按计时工资标准支付工资，对未完成任务者，按一定比例减发计时工资

3 要建立合理的考核与考核制度

建立健全考勤制度，对员工的实际工作时间进行严格的监督与统计，同时，还应对员工的技术（业务）水平进行考核。根据考核结果，在支付计时工资时做到奖优罚劣、奖勤罚懒，以更好地体现按劳分配原则

4 建立合理的奖励制度

比较普遍的办法是在实行计时工资制的同时，辅之以必要的奖励制度，对提供超额劳动的员工给予必要的补偿和鼓励；另一种办法是把计时工资制与浮动工资制或定额工资制结合起来，根据员工实际提供的劳动数量和质量，浮动发放计时工资

图5-21 实行计时工资制的要点

表5-4　计时工资的形式

具体形式	说明	计算方法	适用范围	备注
小时工资制	按照小时工资标准和实际工作时间（小时）来计算工资	小时工资标准＝日工资标准÷8	小时工资制目前在我国企业中实行较少，但是随着劳动制度的进一步改革，某些企业实行了弹性时间工作制，一部分员工的劳动时间不稳定，任在一天中变化很大，即需要采用小时工资制	在实践中，小时工资制和日工资制还有不同的含义。即小时（日）工资制是指员工每小时（每日）完成规定的一定数量和质量的生产工作任务，即按预定的小时（日）工资额支付小时（日）工资。这一工时（日）工资额不是由员工每月工资标准直接演变而来的，而是由企业根据自行规定的小时（日）工作量的大小，并参考同一工作和社会上完成的收入水平确定的。以上两种含义的小时（日）工资制，在实践中可以根据不同的情况和需要选择使用
日工资制	根据员工的日工资标准和实际工作时间（日）来计算工资	（1）按照平均每月应出勤时间（天）计算。即用全年时间（天）减去国家法定节假日时间（115天）之差除以12个月，得出平均每月应出勤时间（20.83天），然后用员工本人月工资标准除以20.83，得出日工资标准	适用于那些生产任务变动频繁，员工流动性大的企业，工种、特别适用于企业的临时工	
		（2）按照每月日历时间（天）计算。即用全年日历时间（天）除以12得出平均每月日历时间（30.4天），然后用员工本人月工资标准除以30.4天，得出日工资标准		
		（3）按照当月应出勤时间（天）计算。即用员工本人月工资标准除以当月日历时间（天）减当月法定节假日时间（天）之差，得出日工资标准	适用于那些生产任务变动频繁，员工流动性大的企业，工种、特别适用于企业的临时工	
月工资制	按照员工的等级工资制的工资标准来计发工资	企业员工如果出满勤、缺勤则按实际缺勤时间（天或小时）减发工资。如果加班加点，则发相应的加班日工资或加点小时工资	由于计算方便，适用范围较广，在我国国企中普遍得到使用	

2.计件工资的核算

计件工资是根据员工生产的合格产品的数量或完成的作业量，按预先规定的计件单价支付给员工劳动报酬的一种工资形式。

计件工资的类型有八种，如表5-5所示。

表5-5　计件工资的类型

序号	类别	说明
1	直接无限计件工资制	上不封顶，同一单价计酬：员工工资完全并直接取决于计件单价及员工完成的合格产品数量。超额不受限制，亏损也不保证有保底
2	直接有限计件工资制	在劳动定额内按计件单价支付，对超额部分进行限制，采用"封顶"的计件工资
3	累进计件工资制	在劳动定额内按计件单价计发工资，超额部分在原单价基础上采用不同的累进计件单价计发工资，超额越多，单价越高
4	分阶段计件工资制	将员工的产品（或工作量）分成定额内及超定额两部分，分别计发工资。其中，定额以内的部分，按照本人的工资标准支付工资（计时工资标准），超过定额的部分，根据事先规定的计件单价计算工资
5	包工工资制	把生产任务包给个人或班组，如按期完成，则发给包工工资，类似于集体计件工资
6	间接计件工资制	二线工人和从事辅助性工作的工人，按一线工人完成的产量进行折算计件发给工资
7	最终产品计件工资制	以整个企业或班组为单位，以最终产品计数的计件工资制
8	综合计件工资制	即计件单价不仅以产量定额，而且把质量、原材料消耗以及产品成本综合考虑进去，如根据产品的不同质量，规定不同的计件单价发工资

问题84：如何做好工资支付的管理?

工资是劳动者为用人单位提供劳动后应当获得的劳动报酬，应当以货币形式按月支付给劳动者本人，不得克扣或者无故拖欠劳动者的工资。工资支付主要包括：工资支付项目、工资支付要求、工资支付形式、工资支付对象、工资支付时间以及特殊情况下的工资支付。

1.工资支付的项目

工资支付的项目，一般包括计时工资、计件工资、奖金、津贴和补贴、延长工作时间的工资报酬以及特殊情况下支付的工资，但员工的以下收入不属于工资范围。

（1）企业支付给员工个人的社会保险福利费用，如丧葬抚恤救济费、生活困难补助费、计划生育补贴等。

（2）劳动保护方面的费用，如企业支付给劳动者的工作服、解毒剂、清凉饮料费用等。

（3）按规定未列入工资总额的各种劳动报酬及其他劳动收入，如根据国家规定发放的创造发明奖、国家星火奖、自然科学奖、科学技术进步奖、合理化建议和技术改进奖、中华技能大奖等，以及稿费、讲课费、翻译费等。

2.工资支付的形式

我国工资支付的法律规章明确规定，工资应当以货币形式按月支付，不得以实物或有价证券代替货币支付。

3.工资支付的时间

工资应当按月支付，是指按照用人单位与劳动者约定的日期支付工资。如遇节假日或休息日，则应提前在最近的工作日支付。工资至少每月支付一次，对于实行小时工资制和周工资制的人员，工资也可以按日或周发放。对完成一次性临时劳动或某项具体工作的劳动者，用人单位应按有关协议或合同规定在其完成劳动任务后即支付工资。

4.工资支付的对象

企业应将工资支付给员工本人。员工本人因故不能领取工资时，可由其亲属或委托人代替。

企业必须书面记录支付员工工资的数额、时间、领取者的姓名以及签字，并保存两年以上备查。企业在支付工资时应向员工提供一份其个人的工资清单。

5.工资支付的要求

我国工资支付的法律规章明确规定，企业不得克扣或者无故拖欠员工工资。但以下情况例外，如表5-6所示。

表5-6　工资支付的例外情况

序号	情形	举例说明
1	可以代扣员工工资的情形	（1）企业代扣代缴的个人所得税 （2）企业代扣代缴的应由员工个人负担的各项社会保险费用 （3）法院判决、裁定中要求代扣的抚养费、赡养费 （4）法律、法规规定可以从员工工资中扣除的其他费用 （5）按劳动合同的约定要求员要赔偿的经济损失

续表

序号	情形	举例说明
2	不属于"克扣"的减发工资的情况	（1）国家的法律、法规中有明确规定的 （2）依法签订的劳动合同中有明确规定的 （3）企业依法制定并经职代会批准的厂规、厂纪中有明确规定的 （4）企业工资总额与经济效益相联系，经济效益下浮时，工资必须下浮的（但支付给提供正常劳动职工的工资不得低于当地的最低工资标准） （5）因劳动者请事假相应减发工资等
3	不属无故拖欠的情况	（1）企业遇到非人力所能抗拒的自然灾害、战争等原因，无法按时支付工资 （2）企业确因生产经营困难、资金周转受到影响，在征得本企业工会同意后，可暂时延期支付劳动者工资，延期时间的最长限制可由各省、自治区、直辖市劳动行政部门根据各地情况确定

6.参加社会活动、休假和停工期间以及破产时的工资支付

员工在法定休假日和婚丧假期间以及依法参加社会活动期间，用人单位应当依法支付工资。

第四周　员工绩效管理

员工绩效考核是每一位员工日后升迁及发展的重要依据，应该力求客观、公正。员工绩效考核，将有助于经营者一目了然地掌握企业内每一位员工的工作绩效。因此，无论企业的规模大小，对员工工作进行经常性的考核都是必需的。

问题85：如何制订员工绩效计划？

制订绩效计划是指由管理者和员工根据既定的绩效标准共同制订、修正绩效目标以及实现目标的过程。其中绩效标准是指要求员工在工作中应达到的各项基本要求；绩效目标是指在绩效标准的基础上，综合考虑员工现有的绩效水平对员工提出的具体要求。

1.绩效计划的内容

绩效计划包括两个方面的内容，即做什么和如何做，具体体现在如图5-22所示的几点。

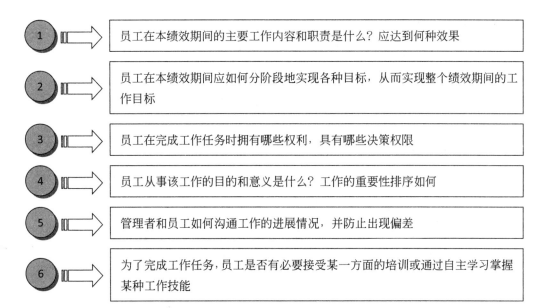

图5-22　绩效计划包括的内容

2.谁来制订绩效计划

绩效计划应该由管理者和被管理者共同制订。

3.制订绩效计划的步骤

制订绩效计划的步骤如图5-23所示。

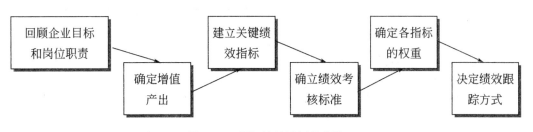

图5-23　制订绩效计划的步骤

（1）回顾企业目标和岗位职责。

① 本考核期内，企业的工作目标是什么？

② 员工在本绩效期内要完成的工作目标是什么？

③ 员工应该在什么时候完成这些工作目标？

④ 员工在本绩效期内的工作职责是什么？

（2）确定增值产出。

① 考核对象有哪些日常性工作任务？

② 考核对象有哪些专项工作任务？

③ 这些任务应该达到什么样的结果？

④ 员工在工作过程中应表现出什么样的典型工作行为？

（3）建立关键绩效指标。

从数量、质量、费用和时间四个方面界定并量化绩效指标。

（4）确立绩效考核标准。

① 定量化标准——绩效指标应当尽量建立定量化标准。

② 行为描述性标准——对于难以建立定量化指标的工作，应采用行为锚定法建立可观察、可度量的行为系列，以此作为绩效评估标准。

制定绩效考核标准的方式有如图5-24所示的四种。

1	管理者先拟订绩效考核标准，然后与员工沟通，双方达成协议
2	员工先暂定绩效考核标准，管理者据此进行修订和调整
3	管理者和员工分头拟订绩效考核标准草案，然后共同讨论，最后达成共识
4	让第三方（咨询顾问公司或本公司人力资源管理人员）召集会议，管理者、员工、第三方共同建立绩效考核标准

图5-24　制定绩效考核标准的四种方式

（5）确定各指标的权重。

① 以比例（%）的方式划分任务权重。

② 以5%或10%作为权重的刻度。

（6）决定绩效跟踪方式。

① 需要收集哪些信息？

② 需要收集的信息有多少？

③ 什么时候收集信息？

④ 谁去收集信息？

⑤ 谁会收到这些信息？

4.绩效计划的确认

管理者与下属共同确定下属工作计划（安排）的要点，填写绩效计划书，管理者与下属都要在绩效计划书上签字。绩效计划书一式两份，管理者与下属各自保留一份，作为下属在绩效周期内的工作指南，也是管理者对下属的工作表现进行监督、检查与评定的重要依据。

问题86：如何做好绩效实施与管理？

1.开展绩效培训

为了有效实施绩效管理，绩效管理的培训工作必不可少，如果员工对绩效管理工作存在认识上的偏差和误解，势必会影响绩效管理的实施效果。

绩效管理培训的内容如表5-7所示。

表5-7　绩效管理培训的内容

序号	培训课程	课程目的	课程说明
1	绩效管理的介绍	本课程概要性地讲解绩效管理的过程。讲师可以举一些企业中的案例让员工了解绩效管理的目的和过程，消除员工的紧张和焦虑情况	课前要发给员工一份绩效管理手册，内容包括：什么是绩效管理；绩效管理的方法和提供的信息有什么作用；企业用什么样的程序来保证绩效管理的客观性和准确性；绩效管理工具都有哪些
2	绩效评估的介绍	本课程主要讨论和分享影响绩效评估准确性的因素，包括绩效评估方法的选择、工作描述的准确性和绩效标准设定中的问题等	通过目前操作性的活动让学员学会如何做好工作描述。此课程最重要的内容是讲述绩效评估中的偏差。讲师可通过角色扮演、案例分析、录像带等方法使学员认识到光环效应、趋中误差、首因效应、对比效应等以及避免误差的方法，使评估者了解自己在绩效管理操作过程中的影响，以便更好地实施绩效管理。参加培训的人员一般为绩效管理评估人员（主要是管理人员）
3	关键绩效指标的介绍	本课程主要是让员工了解 （1）关键绩效指标的定义、内容，学会设定关键绩效指标 （2）讨论设定关键绩效指标的重要性 （3）了解关键绩效指标的SMART原则 （4）学会绘制客户关系示意图和定义工作产出 （5）学会设定关键绩效指标和标准	设定关键绩效指标是绩效管理工作的基础，讲师将与学员讨论和分享目前绩效指标设定中的问题。通过具有操作性的活动使学员学会运用客户关系示意图定义工作产出和关键绩效指标

序号	培训课程	课程目的	课程说明
4	绩效评估工具的介绍	本课程主要是让员工了解 （1）绩效评估中常用的工具，学会正确使用这些评估工具 （2）描述评估工具的设计环节 （3）解释如何将被评估者的行为对应到评估量表中 （4）了解不同评估者评估的差异	本课程通过讲解、练习等方法使评估者正确掌握评估工具的使用方法，并了解评估者对评估结果的影响
5	绩效反馈面谈的介绍	本课程主要是让员工了解 （1）如何有效地准备绩效反馈面谈 （2）列出绩效反馈面谈中要开展的活动 （3）预计绩效反馈面谈的时间	本课程通过讲解、练习等方法使评估者正确准备绩效反馈面谈，了解在面谈中可能出现的问题，以及如何规划面谈各个环节的时间等
6	实施绩效反馈面谈的介绍	本课程主要是让员工了解 （1）如何有效地实施绩效反馈面谈，提高面谈技巧 （2）对比、分析有效的和无效的绩效反馈面谈技巧 （3）描述非语言行为在绩效反馈面谈中的作用 （4）掌握控制面谈过程的技巧，使之不偏离预期的轨道	本课程通过讲解、练习等方法使评估者正确掌握实施绩效反馈面谈的各种技巧，例如，如何建立双向沟通关系，如何利用非语言交流，如何控制谈话的方向等
7	绩效改进的介绍	本课程主要是让员工了解 （1）绩效管理中出现的问题和障碍，并学会怎样克服它们 （2）识别员工在绩效管理方面存在的知识和技能、兴趣、动机、努力程度等方面的问题 （3）针对绩效管理中出现的各种问题，掌握提供督导和帮助的方法	对于一名合格的主管和评估者来说，教导和咨询的技能是其必备的基本技能。讲师将帮助学员了解下属在绩效方面存在问题的可能原因，以及如何给下属提供一些教导和帮助

2.开展绩效辅导

绩效辅导是指管理者与员工讨论有关工作进展情况，潜在的障碍和问题，解决问题的办法，员工取得的成绩以及存在的问题，管理者如何帮助员工等信息的过程。它贯穿于绩效管理的全过程。

（1）绩效辅导的作用。

绩效辅导的作用在于能够前瞻性地发现问题并在问题出现之前解决，根本目的在于对员工实施绩效计划的过程进行有效管理，具体表现如图5-25所示。

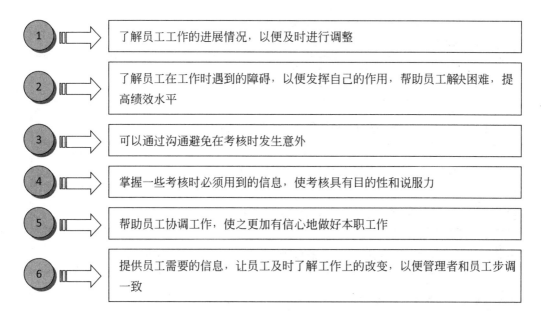

图5-25　绩效辅导的作用

（2）绩效辅导的分类。

绩效辅导可以分为两类：一类是管理者为员工提供技能和知识支持，帮助员工矫正错误的行为；另一类是管理者为员工提供职权、人力、财力等资源支持，帮助员工获取必要的资源，具体如图5-26所示。

1 矫正员工错误的行为

在被考核者的行为出现错误或者发生目标偏差时，管理者要及时对其进行纠正。一旦被考核者能自己履行职责，按计划开展工作且目标没有偏差时，管理者就应该放手让他们自己管理

2 提供资源支持

被考核者由于自身职能和权限的限制，在某些时候可能会遇到资源调度的困难，此时，管理者应向被考核者提供必要的资源支持，协助其完成工作任务

图5-26　绩效辅导的分类

（3）绩效辅导对管理者的要求。

绩效辅导贯穿于绩效管理的全过程，因此管理者应该了解如图5-27所示的几个问题。

3.绩效辅导的沟通

员工和管理者需要在绩效实施的过程中进行持续不断的沟通，因为每个人都需要从中获得对自己有用的信息。

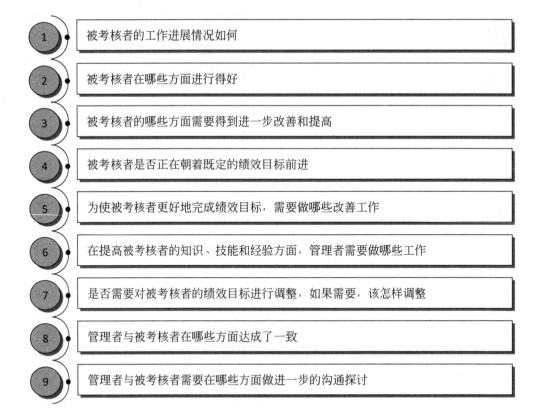

图5-27　管理者应了解有关绩效辅导的问题

绩效管理的沟通方式一般有书面报告、会议沟通和一对一面谈沟通等。每种沟通方式都有自己的优点和缺点，管理者在选择时可依当时的情景而定。

问题87：如何开展绩效评估？

1.评估绩效考核水平

在绩效评估阶段，第一步是管理者要依据绩效计划阶段确立的标准和辅导阶段收集的数据来评估员工在考核期内的绩效水平。

2.汇总检查员工的相关绩效数据

评估的第二步是汇总检查员工的相关绩效数据（表5-8）。检查的目的是保证数据的质量，管理者应当确认有关绩效的数据是否准确、完整以及适用性如何，如果发现数据中有不符合要求的地方，或者仍需要对某些数据进行证实时，管理者要把这些数据和通过另一种渠道（如工作样本分析、错误报告、投诉记录、管理者反馈等）收集的数据进行对比，以判断原始信息的准确性和可信性。

表5-8　每月与绩效管理相关的报表统计

序号	被考核部门	绩效目标	数据来源	数据提供部门/岗位
1	销售部	销售业绩	财务报表	财务部
2		售价比	财务报表	财务部
3		增加几成新客户	财务报表	财务部
4		客户满意度	客户满意度调查表	销售部助理
5	工程部	新产品开发	新产品确认单	销售部
6		样品制作及时性	样品制作申请单	销售部
7		完成标准产品作业指导书×份	文件发行记录	生产部
8		设备保全完成率	设备点检保养记录表	生产部
9	PMC（计划物控）部	仓库账物卡准确率	盘点表	财务部
10		订单达成率	订单达成统计表	商务组
11		库存周转率	库存统计表	财务部
12	仓储组	仓库账物卡准确率	盘点表	财务部
13		备料及时率	发料表	生产部
14		单据审核及时性	单据审核统计表	财务部
15	采购部	物料准交率	月度物料准交报表	PMC物控
16		采购物料的合格率	品质月报表	品质部
17		主要供应商现场考查与评估	评估表	品质部
18	生产部	生产效率	生产日报表	生产文员
19		制损率	领料单	财务部
20		生产计划达成率	生产计划表	PMC部
21		成品合格率	品质月报	品质部
22		制程合格率	品质月报	品质部
23		安全事故	工伤事故报告单	行政部
24	品质部	品质异常工时占比	异常工时统计表	生产部
25		检验计划达成率	品质月报表	品质部
26		品质异常纠正预防措施完成率	纠正预防报告汇总表	品质部
27		开展供应商品质辅导	供应商辅导计划	采购部
28	行政部	管理费用分析	分析报告	行政部
29		伙食满意度得分	伙食满意度统计表	行政专员
30		招聘达成率	招聘达成率统计表	人力资源助理
31		员工流失率（负）	人力资源月报表	人力资源助理
32	财务部	财务报表及时性	财务报表	财务部
33		财务报表数据的准确性	财务报表	财务部
34		财务分析	分析报告	财务部
35	各部门公共项	各部门制度的制定及发行	文件发行记录表	文控文员
36		培训计划达成率	培训记录表	行政部
37		5S	5S检查统计表	行政部

3.选择合适的评估方法

评估的第三步是在确认数据充分且没有错误后，可以根据这些数据对员工的绩效完成情况进行评估。管理者应根据员工不同的工作特点和情况采取不同的评估方式。评估时要保证重要的指标没有遗漏、评价标准与工作绩效紧密相关、评价的过程公正有效。

问题88：如何进行绩效反馈面谈？

在最终的绩效评估结果生效之前，管理者还须与下属对评估结果进行面谈。面谈的主要目的是使管理者和下属对绩效评估结果形成共识，使下属接受绩效评价结果。绩效面谈可分为以下三个步骤。

1.绩效面谈准备

绩效面谈前，管理者最重要的准备工作就是准备相关数据并做好分析，也就是要求管理者在面谈前一定要进行绩效诊断。

（1）管理者应做的准备。

绩效反馈面谈前，管理者应做的准备工作如表5-9所示。

表5-9　管理者应做的准备工作

序号	准备事项	详细内容
1	选择适当的时间	（1）和员工约定一个双方都比较空闲的时间。切记，不要选择接近下班的时间 （2）计划好面谈将要花费的时间，这样有利于管理把握面谈反馈的进度和双方的工作安排
2	选择适当的地点	（1）主管办公室、小型会议室或咖啡厅等休闲地点 （2）注意安排好谈话者的空间距离和位置。距离太近，会给员工造成压抑感；距离太远，会使沟通双方无法清晰地获取信息
3	准备面谈评估资料	（1）充分了解被面谈员工过去和现在的情况，包括其教育背景、家庭环境、工作经历、性格特点、职务以及业绩情况等 （2）面谈所需的其他资料，包括员工绩效评估表、员工日常工作表现的记录等
4	计划好面谈的程序	（1）计划好如何开始。管理者采取什么样的开场白取决于具体的谈话对象和情境 （2）计划好面谈的过程。管理者先谈什么，后谈什么，要达到何种目的，运用什么技巧 （3）计划好在什么时候结束面谈以及如何结束面谈

（2）员工应做的准备工作。

绩效反馈面谈前，员工应做的准备工作如图5-28所示。

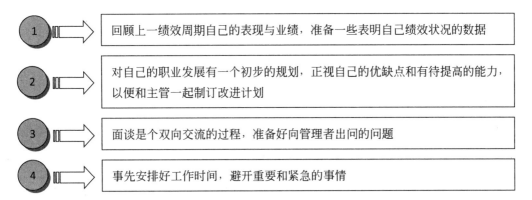

1　回顾上一绩效周期自己的表现与业绩，准备一些表明自己绩效状况的数据

2　对自己的职业发展有一个初步的规划，正视自己的优缺点和有待提高的能力，以便和主管一起制订改进计划

3　面谈是个双向交流的过程，准备好向管理者出问的问题

4　事先安排好工作时间，避开重要和紧急的事情

图5-28　绩效反馈面谈前员工应做的准备

2.面谈过程的控制

建立彼此的信任关系是绩效沟通面谈成功的前提。管理者要清楚地说明面谈的目的和作用，要能够充分调动员工参与讨论的积极性。管理者要注意倾听员工的意见，把握交流的基调，问得多、讲得少，有利于为面谈营造一个积极的氛围。面谈的主要内容为：

（1）回顾和讨论过去一段时间内的工作进展情况，包括工作态度、工作绩效和企业文化建设等；

（2）双方讨论计划完成情况及效果、目标是否已实现；

（3）管理者对员工做出评估；

（4）管理者向员工提出工作建议或意见；

（5）管理者向员工提出要求或期望；

（6）明确员工可以从管理者那里得到的支持和指导；

（7）讨论员工的工作现状及存在的问题，如工作量、工作动力、与同事合作、工作环境、工作方法；

（8）在分析工作优缺点的基础上提出改进建议或解决办法；

（9）管理者阐述本部门中短期目标及做法；

（10）员工阐述自己的工作目标，双方努力把个人目标和部门目标结合起来；

（11）共同讨论并确定下个绩效周期的工作计划和目标，以及为实现此目标应采取的相应措施。

3.确定绩效改进计划

在绩效面谈过程中，双方在分析绩效结果引发的原因时，应当及时记录达成的共识，同时也对下阶段的绩效重点和目标进行规划，这就使整个绩效管理过程形成了一个不断提高的循环。面谈结束后，双方要将达成共识的结论性意见或双方确认的关键事件或数据，及时记录、整理下来，并填写在员工考核表中。对于已达成共识的下期绩效目标也要进行整理，形成新的考核指标和考核标准。

问题89：如何应用绩效评估结果？

绩效评估的应用范围很广，它的结果既可以供管理者为人力资源管理决策提供信息，也可以为员工个人在绩效改进、职业生涯发展方面提供借鉴。

1.管理应用

管理应用是指将绩效评估结果用于招聘、甄选、薪酬、晋升、调配、辞退等各项具体工作的决策中。

（1）用于招聘决策。

通过分析员工的绩效评估结果，HR对企业各个岗位的优秀人才应具备的优秀品质与绩效特征会有更深的理解，这就为招聘过程的甄选环节提供了十分有益的参考。

比如，通过对企业优秀基层管理人员绩效特征的分析，在以后招聘基层管理人员时，就会对甄选的标准进行有针对性的调整或改进，更好地满足企业提升绩效的需要。

通过分析员工的绩效评估结果，如果发现员工在工作能力或态度上存在欠缺，又无法通过及时而有效的培训得到解决时，人力资源部就要考虑制订或改进相应的招聘计划，注重招聘工作能力强、态度端正的人才，以满足企业提升工作绩效水平的实际需要。

（2）用于员工薪酬分配和调整。

绩效评估结果用于薪酬决策方面时主要有如图5-29所示的三种形式。

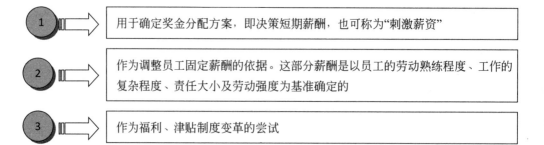

图5-29　绩效评估结果用于薪酬决策方面的形式

（3）用于人员调配和职位变动。

通过绩效管理活动，管理者可以掌握员工各种相关的工作信息，如劳动态度、岗位适度度、工作成就、知识和技能的运用程度等。通过这些信息，企业更易于正确制定人力资源决策，有效地组织员工提升、晋级、降职、降级等人力资源管理工作。

（4）用于确定员工培训需求。

基于绩效评估的培训决策流程如图5-30所示。

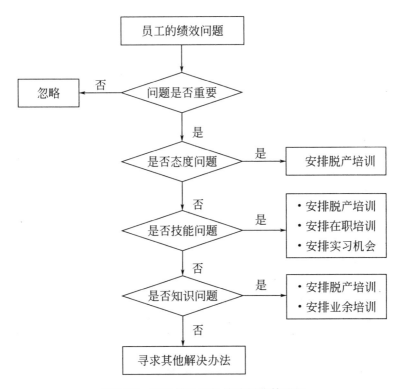

图5-30 基于绩效评估的培训决策流程

图5-30中的模型提供了运用绩效评估结果确定培训需求的具体思路与过程。在分析绩效评估结果的基础上，找出出现绩效差距的问题与原因（是属于知识不足、能力欠缺，还是需要转变态度），进而拟订出有针对性的员工培训内容与方案。

2. 开发应用——个人发展计划

个人发展计划（Individual Development Plan，IDP）是指员工在一定时期内完成的有关工作绩效和工作能力改进与提高的系统计划。它是从绩效评估延伸出来的、实际且有效的、由一系列表格组成的绩效改进计划。

（1）个人发展计划的目的。

① 帮助员工在现有工作的基础上改进绩效。

② 帮助员工发挥潜力，使其在经过一系列学习之后能有晋升的可能，其重点仍是改进现有工作绩效。

（2）个人发展计划的内容。

个人发展计划包括如图5-31所示的内容。

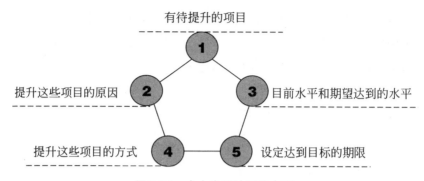

图5-31　个人发展计划的内容

（3）制订个人发展计划的步骤。

制订个人发展计划的步骤如图5-32所示。

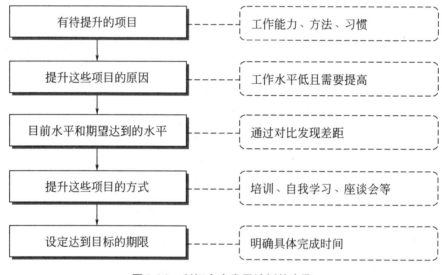

图5-32　制订个人发展计划的步骤

（4）制订个人发展计划的过程。

① 管理者与员工进行绩效评估沟通。在管理者的帮助下，员工认识到自己在工作当中哪些方面做得好，哪些方面做得不够好，认识到目前存在的差距。

② 管理者与员工共同就员工绩效方面存在的差距分析原因，找出员工在工作能力、方法或工作习惯等方面有待提升之处。

③ 根据未来的工作目标的要求，管理者与员工选取员工目前存在的工作能力、方法或工作习惯方面有待提升的地方中最为迫切需要提升的地方作为个人发展项目。

④ 双方共同制定改进这些工作能力、方法、习惯的行动方案，制订个人发展计划的期望水平和目标实现期限以及改进的方式。必要时可确定实施过程中的检查核实计划，以便分步骤地达到目标。

⑤ 列出提升个人发展计划所需的资源，并指出哪些资源需要哪些人员提供帮助。

第六个月

员工关系管理

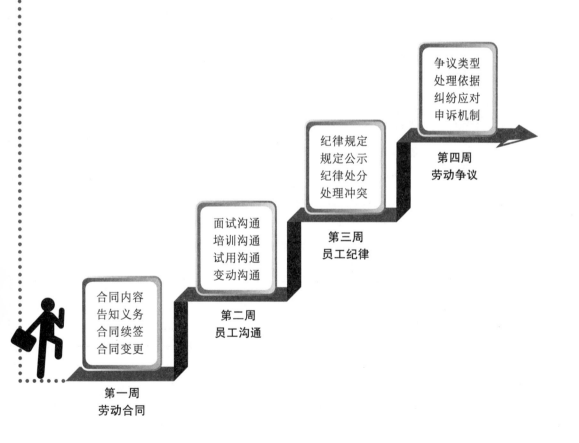

争议类型
处理依据
纠纷应对
申诉机制

第四周
劳动争议

纪律规定
规定公示
纪律处分
处理冲突

第三周
员工纪律

面试沟通
培训沟通
试用沟通
变动沟通

第二周
员工沟通

合同内容
告知义务
合同续签
合同变更

第一周
劳动合同

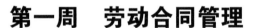

第一周　劳动合同管理

加强劳动合同的管理，不仅是为了企业的长远发展，也是我国法律强制的要求。因此，人力资源部必须按国家规定的有关劳动合同的内容做好订立、变更和续订、解除等工作。

问题 90：劳动合同应包括哪些内容？

《劳动合同法》第十七条规定，劳动合同应当具备如图6-1所示的条款。

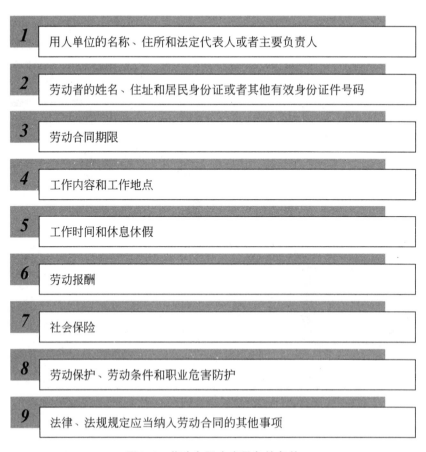

1	用人单位的名称、住所和法定代表人或者主要负责人
2	劳动者的姓名、住址和居民身份证或者其他有效身份证件号码
3	劳动合同期限
4	工作内容和工作地点
5	工作时间和休息休假
6	劳动报酬
7	社会保险
8	劳动保护、劳动条件和职业危害防护
9	法律、法规规定应当纳入劳动合同的其他事项

图6-1　劳动合同应当具备的条款

劳动合同除前款规定的必备条款外，用人单位与劳动者可以约定试用期、培训、保守秘密、补充保险和福利待遇等其他事项。

问题91：签订合同时应尽哪些告知义务？

《劳动合同法》第八条规定了企业的告知义务和劳动者的说明义务。所谓"如实告知义务"，是指在企业招用员工时，企业与员工应将双方的基本情况如实告知对方的义务。告知应当以一种合理并且适当的方式进行，应能够让对方及时了解。

1.企业的告知义务

企业对员工的如实告知义务，体现在企业招用员工时应当如实告知员工如图6-2所示的内容。

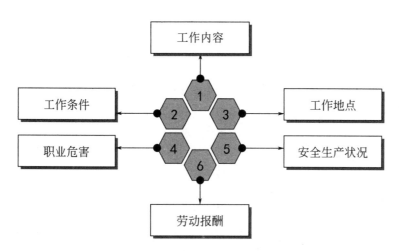

图6-2　企业应告知员工的内容

以上内容是法定的，无论员工是否提出知悉要求，企业都应当主动如实向员工说明。除此之外，对于员工要求了解的其他情况，如企业的规章制度，包括企业内部的各种劳动纪律、规定、考勤制度、休假制度、请假制度、处罚制度以及企业内已经签订的集体合同等，企业都应当予以详细说明。

2.员工的如实说明义务

员工的如实说明义务是附条件的，只有在企业要求了解员工与劳动合同直接相关的基本信息时，员工才有如实说明的义务。员工与劳动合同直接相关的基本信息包括知识技能、学历、职业资格、工作经历以及部分与工作有关的员工个人情况，如家庭住址、主要家庭成员构成等。

企业与员工双方都应当如实告知另一方真实的情况。如果一方向另一方提供虚假信息，将有可能导致劳动合同无效。

比如，员工向企业提供虚假学历证明，企业未如实告知工作岗位存在患职业病的可能性等，都属于《劳动合同法》规定的采取欺诈手段订立劳动合同，因此合同无效。

问题92：如何避免签订无效劳动合同？

无效的劳动合同是指由当事人签订成立而国家不予承认其法律效力的劳动合同。一般合同一旦依法成立，就具有法律约束力，但是无效合同即使成立也不具有法律约束力，不发生履行效力。

导致劳动合同无效的原因有以下四个方面，具体说明如表6-1所示。

表6-1 劳动合同无效的原因

序号	原因	表现形式
1	劳动合同因违反国家法律、行政法规的强制性规定而无效	（1）用人单位和员工中的一方或者双方不具备订立劳动合同的法定资格，如签订劳动合同的员工一方必须是具有劳动能力和劳动行为能力的公民。企业与未满十六周岁的未成年人订立的劳动合同就是无效劳动合同（国家另有规定的除外） （2）劳动合同的内容直接违反法律法规的规定，如员工与矿山企业在劳动合同中约定的劳动保护条件不符合《中华人民共和国矿山安全法》的有关规定，所订立的劳动合同就是无效的 （3）劳动合同因损害国家利益和社会公共利益而无效。《中华人民共和国民法典》第一百五十六条第五项确立了社会公共利益的原则，违反法律或者社会公共利益的民事行为无效
2	订立劳动合同因采取欺诈手段而无效	（1）在没有履行能力的情况下签订合同。如根据《劳动法》的规定，从事特种作业的员工必须经专门培训并取得特种作业资格，而应聘的员工并没有这种资格或提供了假资格证书 （2）行为人负有义务向他方如实告知某种真实情况而故意不告知的
3	订立劳动合同因采取威胁手段而无效	威胁是指当事人以将要发生的损害或者以直接实施损害相威胁，一方迫使另一方处于恐怖或者其他被胁迫的状态而签订劳动合同，可能涉及生命、身体、财产、名誉、自由、健康等方面
4	用人单位免除自己的法定责任、排除员工权利的劳动合同无效	劳动合同简单化，法定条款缺失，仅规定员工的义务，有的甚至规定"生老病死都与企业无关""用人单位有权根据生产经营变化及员工的工作情况调整其工作岗位，员工必须服从单位的安排"等霸王条款

问题93：如何办理劳动合同续签手续？

劳动合同续签是指合同期限届满，双方当事人均有继续保持劳动关系的意愿，经协商一致后延续签订劳动合同的法律行为。双方可以续签固定期限劳动合同、无固定期限劳动合同或以完成一定工作任务为期限的劳动合同。

1.续签固定期限劳动合同

固定期限劳动合同是指企业与员工约定合同终止时间的劳动合同，具体是指劳动合同双方当事人在劳动合同中明确规定了合同效力的起始和终止时间。劳动合同期限届满，劳动关系即终止。如果双方协商一致，还可以续订劳动合同，延长期限。固定期限劳动合同可以是较短时间的，如半年、一年、两年；也可以是较长时间的，如五年、十年，甚至更长时间。不管时间长短，劳动合同的起始和终止日期都是固定的，具体期限由当事人双方根据工作需要和实际情况确定。

订立哪一种期限的劳动合同，应当由企业与员工双方协商确定。有的企业为了保持用工灵活性，愿意与员工签订短期的固定期限劳动合同。而有的员工为了能有一份稳定的职业和收入，更愿意与企业签订无固定期限劳动合同。无论双方的意愿如何，究竟签订哪一种类型的劳动合同，都需要由双方协商一致后做出一个共同的选择。只要企业与员工协商一致，没有采取胁迫、欺诈、隐瞒事实等非法手段，符合法律的有关规定，就可以订立固定期限劳动合同。

2.续签无固定期限劳动合同

无固定期限劳动合同是指合同效力无确定终止时间的劳动合同。

这里所说的无确定终止时间，是指劳动合同的期限长短不能确定，但并不是没有终止时间。只要没有出现法律规定的条件或者双方约定的条件，双方当事人就要继续履行劳动合同规定的义务。一旦出现了法律规定的情形，无固定期限劳动合同同样能够被解除。

订立无固定期限劳动合同有两种情形，如图6-3所示。

3.续签以完成一定工作任务为期限的劳动合同

以完成一定工作任务为期限的劳动合同，是指企业与员工约定以某项工作的完成为合同期限的劳动合同。合同双方当事人在合同存续期间建立的是劳动关系，员工要加入企业集体，参加企业工会，遵守企业内部规章制度，享受工资福利、社会保险等待遇。

企业与员工协商一致，可以订立无固定期限劳动合同。根据《劳动合同法》第三条的规定，订立劳动合同，应当遵循合法、公平、平等自愿、协商一致、诚实信用的原则。只要企业与员工协商一致，没有采取胁迫、欺诈、隐瞒事实等非法手段，符合法律的有关规定，就可以订立无固定期限劳动合同

在法律规定的情形出现时，员工提出或者同意续订劳动合同的，应当订立无固定期限劳动合同

图6-3　订立无固定期限劳动合同的情形

一般在如图6-4所示四种情况下，企业与员工可以签订以完成一定工作任务为期限的劳动合同。

1 以完成单项工作任务为期限的劳动合同

2 以项目承包方式完成承包任务的劳动合同

3 因季节原因临时用工的劳动合同

4 其他双方约定的以完成一定工作任务为期限的劳动合同

图6-4　可以签订以完成一定工作任务为期限的劳动合同的情形

特别提示

根据《劳动合同法》第十九条的规定，以完成一定工作任务为期限的劳动合同或者劳动合同期限不满三个月的，不得约定试用期。只要员工按照劳动合同的要求完成了工作任务，就说明员工能胜任这份工作。

问题94：如何处理拒签劳动合同的员工？

《中华人民共和国劳动合同法实施条例》第二章第五条规定："自用工之日起一个月内，经用人单位书面通知后，劳动者不与用人单位订立书面劳动合同的，用人单位应当书面通知劳动者终止劳动关系，无须向劳动者支付经济补偿，但是应当依法向劳动者支

付其实际工作时间的劳动报酬。"

考虑到劳动争议案件中的举证责任分配，为了减少风险及工作量，用人单位在与劳动者建立劳动关系之日起1个月内应尽快安排签订劳动合同，人力资源部发现有可能拒签劳动合同情形的劳动者，在满1个月前应立即书面通知终止与其之间的劳动关系。对于已经满1个月的，也要立即书面通知终止劳动关系，但此时需要支付经济补偿金和双倍工资。这样做虽然会损失一些招聘成本，但可以避免以后遭受更多损失。

人力资源部在按这一规定具体操作时需要注意一个细节，即通知书送达证据的保存。人力资源部可将通知书寄到员工入职声明或员工简历中书面确认的地址并保存单据，以证明自身依法终止与拒签劳动合同劳动者之间的劳动关系，从而避免陷入违法解除合同的情形。

问题95：如何变更劳动合同条款？

劳动合同的变更是在原合同的基础上对原劳动合同内容做部分修改、补充或者删减，而不是签订新的劳动合同。原劳动合同未变更的部分仍然有效，变更后的内容取代原合同的相关内容，新达成的变更协议条款与原合同中其他条款具有同等法律效力，对双方当事人都有约束力。

1.劳动合同变更的缘由

根据《劳动合同法》第四十条第三款的规定，劳动合同订立时所依据的客观情况发生重大变化，致使劳动合同无法履行，经用人单位与劳动者协商，未能就变更劳动合同内容达成协议的，用人单位在提前三十日以书面形式通知劳动者本人或者额外支付劳动者一个月工资后，可以解除劳动合同。由此可以确定，劳动合同订立时所依据的客观情况发生重大变化，是劳动合同变更的一个重要缘由。

所谓"劳动合同订立时所依据的客观情况发生重大变化"主要是指四个方面，具体内容见表6-2。

表6-2　劳动合同变更的缘由

序号	缘由	具体说明
1	订立劳动合同所依据的法律法规已经修改或者废止	劳动合同的签订和履行必须以不违反法律法规为前提。如果劳动合同签订时所依据的法律法规被修改或者废止，劳动合同如果不变更，就可能出现与法律法规不相符甚至违反法律法规的情况，导致劳动合同因违法而无效。因此，根据法律法规的变化而变更劳动合同的相关内容是必要的

续表

序号	缘由	具体说明
2	企业方面的原因：企业经上级主管部门批准或者根据市场变化决定转产、调整生产任务或者生产经营项目等	企业的生产经营不是一成不变的。根据上级主管部门批准或者根据市场变化，企业可能会经常调整自己的经营策略和产品结构，这就不可避免地会发生转产、调整生产任务或生产经营项目的情况。在这种情况下，有些工种、产品生产岗位就可能因此被撤销，或者被其他新的工种、岗位所替代，原劳动合同就可能因签订条件的改变而发生变更
3	员工方面的原因	如员工的身体健康状况发生变化、劳动能力部分丧失、其职业技能与所在岗位不匹配、职业技能提高了一定等级等，造成原劳动合同不能履行，或者继续履行原合同规定的义务对员工明显不公平
4	客观原因	（1）由于不可抗力，使得原劳动合同的履行失去意义。不可抗力是指当事人所不能预见、不能避免并不能克服的客观情况，如自然灾害、意外事故等 （2）由于物价大幅度上涨等客观经济情况变化，致使劳动合同的履行会花费太大代价而失去经济价值。这是《民法典》的情势变更原则在劳动合同履行中的运用

2. 变更劳动合同时应注意的问题

人力资源部在变更劳动合同时应注意如图6-5所示的问题。

变更必须在劳动合同依法订立之后，在合同有效期间内进行，即劳动合同双方当事人已经存在劳动合同关系，如果劳动合同尚未订立或者已经履行完毕则不存在劳动合同的变更问题

变更必须坚持平等自愿、协商一致的原则，即劳动合同的变更必须经企业和员工双方当事人的同意

变更的内容必须合法，不得违反法律法规的强制性规定。劳动合同变更并非任意的，企业和员工约定的变更内容必须符合国家法律法规

变更劳动合同必须采用书面形式。劳动合同双方当事人经协商并对劳动合同中约定内容的变更达成一致意见后，必须签订变更劳动合同的书面协议。书面协议经企业和员工双方当事人签字盖章后生效

图6-5　人力资源部在变更劳动合同时应注意的问题

> **特别提示**
>
> 　　如果企业与员工对变更的内容未做书面记载，无法举证确认和证明劳动合同法律关系发生变化的相关证据，而且员工要求按原劳动合同履行时，企业将处于不利的地位。

　　劳动合同的变更要及时。提出变更劳动合同的主体可以是企业，也可以是员工。无论是哪一方要求变更劳动合同，都应当及时向对方提出变更劳动合同的要求，并说明变更劳动合同的理由、内容和条件等。如果应该变更的劳动合同内容没有及时变更，由于原条款继续有效，往往使劳动合同不适应变化后的新情况，从而引起不必要的争议。当事人一方得知对方变更劳动合同的要求后，应在对方规定的合理期限内及时做出答复，不得对对方提出的变更劳动合同的要求置之不理。因为根据《劳动法》第二十六条和《劳动合同法》第四十条的规定，劳动合同订立时所依据的客观情况发生重大变化，致使劳动合同无法履行，如果企业经与员工协商，未能就变更劳动合同内容达成协议的，则可能导致企业单方解除劳动合同。

3. 变更后的劳动合同文本的执有

　　变更后的劳动合同文本由企业和员工各执一份。

第二周　员工有效沟通

　　员工关系的维护其实就是员工的沟通工作，人力资源部应以尊重员工个人价值与权利为出发点，通过传播与沟通的方式，追求企业的向心力和凝聚力，树立员工的归属感，凝聚员工的力量，为企业取得更大的成功共同努力。

问题96：如何完善人力资源工作中的沟通机制？

　　人力资源管理中的沟通机制应该充分体现在员工进入企业到离开企业这一过程中，其中包含了入职沟通、工作期间的沟通、岗位变动的沟通以及离开企业前的沟通。因此，人力资源部要想建立完善的沟通机制，首先要培养企业管理者和被管理者的沟通意识。

1.增强管理者的沟通意识

人力资源部门应致力于增强管理者的沟通意识，如图6-6所示。

 管理者认可沟通对企业发展所具有的重要作用，明白通过沟通自己能更清楚员工的能力、职业发展目标以及目前工作的状态和思想，从而能最大限度地满足员工的需求，提高员工忠诚度，促进企业发展

 管理者应在沟通中放下架子，认真聆听员工反映的问题或不满，并赞赏和肯定员工目前的工作能力，理解员工的心理状态

 管理者应具有全面沟通的意识，无论是工作还是生活或情感方面都可以作为沟通话题，不要仅仅局限于探讨工作，例如有些员工由于家里出现困难造成近期工作效率低下，如果管理者只关心员工的工作效率，忽视员工的压力来源，将无法达到沟通的效果，因此沟通的话题类型需要全面

图6-6 管理者的沟通意识

2.增强员工的沟通意识

很多员工都不习惯与领导进行沟通，主要原因是对沟通缺乏正确的认识，企业也缺少对沟通机制的宣传，因此为了让员工敢于向管理者述说自己的观点、意见或困难，人力资源部门要加强对沟通机制的宣传，让员工认识到沟通的重要性和加强员工的沟通意识。除此之外，人力资源部门也要将员工的诉求落实到位，用行动来验证沟通是能起到解决问题、满足员工需求的作用的。

问题97：如何做好招聘面试沟通？

1.招聘面试沟通内容

为达到"以企业理念凝聚人，以事业机会吸引人，以专业化和职业化要求选拔人"的目的，人力资源部在招聘、选拔、面试人员时须对企业文化、工作职责等进行客观描述。招聘面试沟通主要有以下两种情况。

（1）人力资源部招聘专员负责完成对企业拟引进的一般职位人员的入职前沟通。

（2）人力资源部负责人、其他各部门负责人与分管副总经理完成对中高级管理人员的入职前沟通。

2.招聘沟通的STAR法则

STAR法则是一种用来收集面试者与工作相关的具体信息和能力的工具。企业招聘人员在招聘面谈过程中要学会熟练使用STAR法则。这里的"S"（Situation）表示情景、"T"（Task）表示任务、"A"（Action）表示行动、"R"（Result）表示结果，具体含义如图6-7所示。

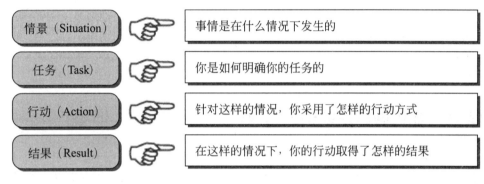

图6-7　STAR法则

企业招聘人员在面试沟通中运用STAR法则能全面地了解应聘者的知识、经验、技能掌握程度、工作风格等情况。企业招聘人员可以按如图6-8所示的步骤和应聘者进行高效沟通。

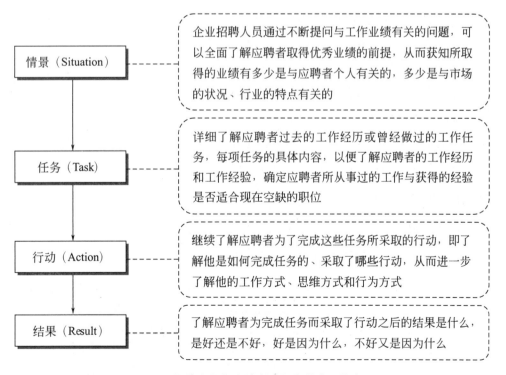

图6-8　招聘人员与应聘者进行高效沟通的步骤

这样，通过运用STAR原则的四个步骤，全面了解应聘者的信息，更好地为企业决策提供正确和全面的参考，这既是对企业负责（招聘到合适的人才），也是对应聘者负责（帮助其尽可能地展现自我，推销自我）。

特别提示

招聘结束后，进入企业的新员工由人力资源部招聘专员负责介绍给各部门入职指引人，指引人为其介绍企业相关的沟通渠道、后勤保障设施等，以帮助新员工尽快适应新的工作环境。

问题98：如何做好岗前培训沟通？

新员工上岗前人力资源部对其必须掌握的基本内容进行培训，以使新员工掌握公司的基本情况，加强对企业文化的理解和认同，全面了解企业管理制度，知晓员工行为规范，知晓自己工作岗位的岗位职责和工作考核标准，掌握基本工作方法，从而比较顺利地开展工作，尽快融入企业，度过"磨合适应期"。

1.岗前培训的目标

企业通过对新员工进行岗位技能、心理素质、责任意识、职业素养、服务意识、道德意识等方面的培训，使新员工达到以下培训目标。

（1）准确地掌握岗位的基本常识和技巧。

（2）具备日常服务问题的解决能力和应变能力。

（3）学会并准确地表达想法和意见。

（4）明确结果，明确执行方向；具备职业理念，提高工作效率。

（5）以个人能力和行为赢得同事的信任，提高工作效率，保证服务质量。

2.岗前培训的内容

人力资源部根据企业的培训对象及培训目标的不同，一般可以确定三个方面的培训内容：企业全员培训、岗位技能培训、管理能力培训，具体如图6-9所示。

企业全员培训
- 企业历史与愿景、企业组织架构、主要业务
- 企业政策与福利、企业相关程序、绩效考核
- 企业设定的基础课程

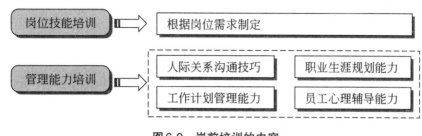

图6-9　岗前培训的内容

问题99：如何做好试用期间沟通？

为了帮助新员工更加快速地融入企业，顺利度过"磨合适应期"，企业应尽量给新员工营造一种融洽、愉快的工作环境。在新员工试用期间，一般由人力资源部、新员工的直接上级和间接上级与新员工进行沟通。

1.试用期沟通频次

（1）人力资源部。

新员工试用第一个月至少面谈两次（第一周结束时和第一个月结束时）。

新员工试用第二个月、第三个月（入职后第二个月、第三个月），每月至少面谈或电话沟通一次。

（2）新员工的入职指引人和直接上级。

可以参照人力资源部的沟通频次要求进行。

2.转正沟通的内容

人力资源部与新员工在进行转正沟通时，要将"知识、技能、态度、需提高方面"四个方面作为考核和谈话的内容，提问内容主要包括以下几点。

（1）试用期间对工作是否适应？

（2）试用期间对企业经营理念的认识？（本岗位的职责？）

（3）试用期间自己的主要工作成绩？

（4）工作任务是否都已完成？

（5）在试用期间学到了什么？感触如何？

（6）和同事关系如何？（对同事的工作是否满意？在哪些方面没有与同事配合好？除了本职工作之外还帮助哪位同事做过工作？喜欢独立工作还是协作？）

（7）你对企业的相关制度有什么建议？（对各项制度的遵守情况如何？出勤情况怎样？）

（8）自我感觉不足的地方是什么？（哪些方面还须提高？）

（9）以后准备怎么把工作做好？

（10）对企业（岗位）的憧憬？

3.转正面谈的流程

转正面谈的流程如图6-10所示。

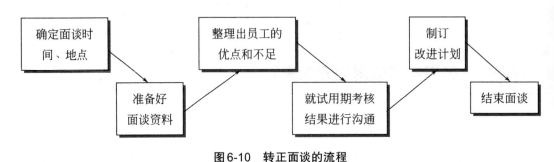

图6-10　转正面谈的流程

（1）确定面谈时间、地点。

选择双方都有空的时间，尽量不要安排在刚上班或下班时间，人力资源部要提前通知员工。普通员工面谈时间以20～40分钟为宜。人力资源部选择好面谈地点，尽量选择不受干扰的场所，避免面谈中途被打断，场所最好是小型会议室或接待室。

（2）准备好面谈资料。

人力资源部应准备好员工的"试用员工申请转正审批表"、日常表现记录，根据下属的"试用员工申请转正审批表"上的自评和评分，对员工在试用期的工作态度、工作能力、工作业绩做出的评分做比较，找出评分差别比较大的评估指标，以便面谈时有针对性。

（3）整理出员工的优点和不足。

拟订好面谈程序，计划好如何开始、如何结束，面谈过程中先谈什么、后谈什么，以及各阶段如何分配时间，员工的优点是什么，员工的缺点是什么，如何避免或改正等，形成一个面谈的大致思路。

（4）就试用期考核结果进行沟通。

与员工对试用期考核结果进行沟通，应首先向员工明确评价标准（即工作态度、工作能力、工作业绩），然后逐项说明考核结果及总的评价等级。沟通过程中要允许员工质疑，给员工提出自己看法的时间和机会，要耐心地解释考核评价结果。

（5）制订改进计划。

上级帮助员工找出有待改进的地方，以建议的口吻与员工探讨改进方案，提供建设性意见，制订改进计划及相应措施，确定新的工作目标和工作标准，并就定期检查改进行动达成共识。

（6）结束面谈。

再次肯定员工的成绩，让员工知道自己的表现和贡献得到了认可；指出员工为实现新的工作目标和工作标准需注意的地方，坚定员工的信心，鼓励其积极改进；询问员工是否有其他需向上级反馈的事项；感谢员工参与。

4.转正沟通后提出意见

根据新员工试用期的表现，结合《绩效管理制度》进行转正考核，人力资源专员在"转正申请表"上做出客观评价。根据新员工试用期的表现，提出该员工是否能转正的建议。

（1）同意转正的，应指出工作中存在的不足、今后的改进建议和希望。

（2）不同意转正、延长试用期或辞退的，应中肯地分析原因和提出改进建议。

问题100：如何做好职位变动沟通？

职位变动不仅和员工的工作认知、个人成长及薪酬有着非常密切的联系，甚至还会影响员工的一些重要家庭决策，如住房、配偶工作等。如果处理不当，对员工和企业的影响是十分不利的。所以，人力资源部在对员工进行职位调动时，往往要慎重处理，更要尊重员工，做好与员工的沟通工作。

1.职位变动类型

员工职位变动大致可分为三种：纵向晋升、横向轮岗和纵向/横向降职。如果员工已经无法胜任其所属部门的工作，那么降职可能是跨部门的。人力资源部应对不同的变动情况注意采用不同的沟通管理方式，具体如图6-11所示。

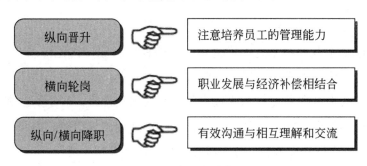

图6-11　岗位变动类型

2.职位变动沟通要点

为了使员工明确工作变动的原因和目的，以及新岗位的工作内容和责任，更顺利地胜任新岗位，同时达到员工到新岗位后能更加愉快、敬业地工作的目的，人力资源部要注意如图6-12所示的几个沟通要点。

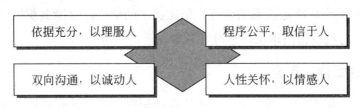

图6-12　职位变动沟通要点

（1）依据充分，以理服人。

在现代企业管理中，员工的职位调整决策通常是企业根据业务发展需要或员工的业绩表现做出的，也就是说，企业对员工进行职位调整必须有客观依据和充分理由。如果企业在没有任何说明或解释的情况下，以一纸调令通知员工调职，不仅会令员工本人感到无法接受，其他员工也很难信服。

（2）程序公平，取信于人。

程序公平与员工的工作满意度、组织信任和组织承诺有非常密切的联系。当员工感到不公平时，对组织的信任度和满意度会下降，很容易诱发离职行为。企业在职位调整的决策过程中，不能违反程序公平和信息公开原则（图6-13），否则，员工对公司的不满和不信任是必然的结果。

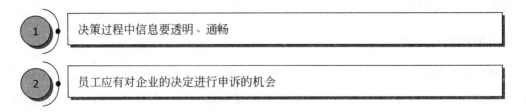

图6-13　程序公平和信息公开原则

（3）双向沟通，以诚动人。

有效的沟通是企业与员工之间增进理解和信任的桥梁，既能够增强企业的凝聚力，又可消除员工对企业的不满。如果采用单向的沟通方式，让员工无法了解企业做出此项决定的理由，员工也没有机会向企业表达自己的想法和意见，对于那些在企业工作很长时间，并对企业非常忠诚的员工来说，必然会产生强烈的失望感、沮丧感，甚至产生被背叛等负面情绪，出现心理失衡，进而对企业丧失信任度和忠诚度。

（4）人性关怀，以情感人。

在企业中，除了物质回报之外，员工还渴望得到认可、尊重和关怀。企业的人性化关怀往往是留住员工的重要手段。例如，企业给老员工发放纪念品以资奖励。然而，用特快专递寄来调令和工作十年的纪念章，就只能说明企业的人性化管理仍然只停留在形式上。

第三周　员工纪律管理

员工关系管理的一个重要的相关职能就是员工的纪律管理，当员工触犯了企业纪律时，需要遵照一定的程序对其实施纪律处分。

问题101：需要哪些纪律管理规定？

具体的规章制度包括《员工手册》、纪律处罚条例等成文的制度。

1.《员工手册》

《员工手册》是企业规章制度的汇总，是企业所有员工必须遵守的行为准则，它能反映企业形象、企业文化，并可以作为企业员工培训的教材。《员工手册》没有固定的格式，也没有法定的内容，通常是根据每个企业的实际情况及管理需求制定的。

一般来说，一套完整的《员工手册》的基本框架应该包括五个部分：第一部分是"写在前面的话"，第二部分是"企业概述"，第三部分是"行为规范和特殊职业要求"，第四部分是"员工管理制度"，第五部分是"附则"。企业可以直接将这个基本框架当作《员工手册》的主要框架，然后在这个主框架的基础上确定相应的次级框架及相应的内容，具体说明见表6-3。

表6-3　《员工手册》基本框架的内容说明

序号	部分	内容说明
1	总则	总则部分包括编制《员工手册》的目的、规章制度的适用范围、某些用语的定义、企业简介、企业组织结构、经营宗旨、经营目标及企业精神等
2	人力资源管理制度	人力资源管理制度部分包括招聘制度、劳动合同制度、工资支付制度、保险福利制度、工时休假制度、劳动安全卫生制度、考勤制度、劳动纪律制度、奖惩制度、绩效考核制度、教育培训制度、保密与竞业限制制度、后勤管理制度及申诉对话制度等
3	附则	附则部分包括《员工手册》和规章制度的制定程序、公示程序、修订与解释权、员工查询权及修改建议权、施行时间等

2.劳动纪律及奖惩制度

劳动纪律及奖惩制度是"过错解除"的唯一依据，合法、合理、有效的劳动纪律与奖惩制度是用人单位处理违纪员工、保护员工合法权益的重要依据。

劳动纪律及奖惩制度的内容主要包括工作守则，禁止行为，上下班考勤，迟到、早退及缺勤的处理程序，以及奖励条件、奖励方式、奖励程序、处罚方式、处罚事由、处罚程序、处罚异议申诉机制等。

问题102：如何公示纪律管理规定？

企业对规章制度进行公示的时候，可以采用以下方法。

1.对员工进行培训

企业可以对新员工进行入职培训，让受训人员在接受培训后签字，并在签名簿上记载培训内容，这样就达到了公示效果。很多企业担心新制定的规章制度不方便对老员工进行公示。其实企业也可以对老员工采取培训的方式，如在不加班的时候或生产任务比较少的时候要求老员工参加培训。

2.公告拍照

企业可以在某些公开区域对规章制度内容进行公告，将公告的现场以拍照、录像等方式记录备案，并由企业的治安人员、物业管理人员等见证。

3.通过召开职工大会公示

企业可以发出通知，通过召开职工大会予以公示，并以适当方式保留证据。

4.劳动局备案

企业可以在劳动局备案合法合理的规章制度，以证明规章制度的民主性、合法性及公正性，劳动局会出具证明以证实公示的时间。劳动局在用人单位备案时会对其规章制度进行审查，审查的内容包括如图6-14所示的5个方面。

规章制度是否与现行法律法规、规章和规范性文件相抵触

规章制度是否符合社会公德公序

规章制度的具体内容是否公正、实际、完备

规章制度的名称、结构、文字、用语是否恰当准确

规章制度是否经本单位权力机构审议通过，并征求工会或员工代表意见

图6-14 规章制度备案时劳动局审查的内容

5. 员工签收

将印刷成册的《员工手册》发给每一位员工，并让员工签收，这种方式简单易行。

问题103：纪律处分有哪些方法？

对员工的纪律处分有几种方法，其中比较重要的三种是热炉原则、渐进式处分和无惩罚处分。

1. 热炉原则

热炉原则是人力资源管理中的一种方法，即处理员工冲突时要像热炉子烫手一样，遵循警告、一致、即时性、公平的原则。

尽管热炉原则有一些优点，但它也存在不足。如果所有惩罚发生的环境都是相同的，那么这种方式将没有任何问题。但是，实际情况往往差别很大，每项惩罚都涉及许多变量。因此，主管人员在进行处分的时候，往往不能做到一视同仁和不受个人情感影响。因为情况确实是各不相同的，此时人力资源部就可以采用下面介绍的渐进式处分。

2. 渐进式处分

渐进式处分的主要作用是确保对犯错误的员工施以最恰当的惩罚。使用该方法时，员工需要回答一系列与自身所犯错误的严重程度有关的问题。人力资源部必须按顺序提出一些问题来决定实施什么样的处分，这些问题如图6-15所示。

在渐进式处分中，人力资源部处理每一层次上的错误时都应遵循同样的程序。只有前面所有层次的问题的答案都是肯定的之后，企业才能考虑终止合同，即辞退。为了帮助人力资源部正确选择处分形式，企业应将这一程序规范化。某企业制定渐进处分的建议见表6-4。

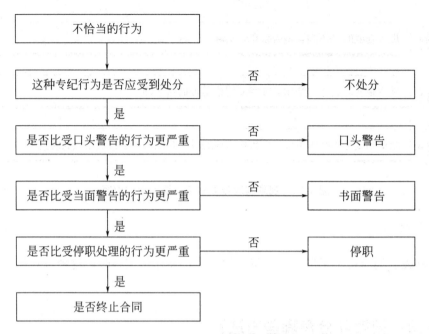

图6-15 渐进式处分按顺序提出的问题

表6-4 某企业制定渐进处分的建议

序号	处分形式	说明
1	需要第一次口头警告、第二次书面警告、第三次终止合同的违纪行为	玩忽职守
		擅离岗位
		工作效率低
2	需要第一次书面警告、第二次终止合同的违纪行为	工作时间睡觉
		连续1～2天不来上班（未请假）
		浪费财物
3	需要立即解雇的违纪行为	盗窃
		工作时间打架、伪造打卡记录
		连续3天不来上班（未请假）

企业应该根据自己的特点，对各种违纪行为设定不同的处罚形式。

3.无惩罚处分

无惩罚处分是指给员工一段时间的带薪假期，让员工考虑自己是否愿意遵守规章制度、是否愿意继续为企业工作。当员工违反了规章制度时，企业一般要给予口头提醒；再犯时给予书面提醒；如果第三次违反，那这名员工必须离开岗位1～3天（带薪）来考虑这个问题。在前两次违纪中，企业应鼓励员工去解决问题；如果出现第三次违纪，则当这名员工回来之后，他要保证再也不会犯这样的错误，否则就应该离职。

问题104：如何处理员工冲突？

员工冲突管理是指员工之间在平时的交往过程中产生意见分歧或出现争论，导致彼此间关系紧张而使人力资源部介入。

1.冲突处理的要点

冲突发生之后，企业可以寄希望于冲突双方通过自我调整使冲突得以解决。但这种可能性并不大，因为人在盛怒之下是很难去对自我进行剖析的。在冲突双方不愿或不能通过自我解决冲突时，就需要人力资源部介入了，但需要注意如图6-16所示的几个要点。

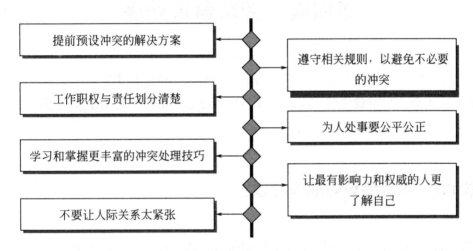

图6-16　处理员工冲突的要点

2.冲突处理的技巧

要高效地处理冲突，除了要遵循必要的步骤外，人力资源部还需掌握一些处理冲突的技巧。

（1）沟通协调一定要及时。团队成员必须做到及时沟通、积极引导、求同存异、把握时机、适时协调。唯有做到及时，才能最快求得共识，保持信息的畅通，避免矛盾积累。

（2）善于询问与倾听，努力地理解别人。倾听是沟通的核心，因为有效倾听能激发对方的谈话欲，从而促使双方进行更深层次的沟通。另外，只有善于倾听，深入了解对方的心理以及他的语言逻辑思维，才能更好地与之交流，从而达到协调和沟通的目的。

特别提示

善于协调沟通的人必定是善于询问与倾听的行动者。善于询问与倾听不仅有助于了解和把握对方的需求,理解和体谅对方,而且有益于与他人畅通、有效地协调沟通。

(3)与上级沟通时要有胆、有理、有节、有据。与上级沟通时,应能够倾听上级说的每一句话,并做出适当的反馈,以测试自己是否理解上级的意思;当出现出入,或者有自己的想法时,要有胆量和上级进行沟通。

第四周 劳动争议处理

劳动争议的产生对企业会产生不可估量的影响,不但给企业带来不好的声誉,而且在岗的员工也会产生不稳定感,因此,人力资源部必须解决好劳动争议问题,避免劳动争议,并积极采取措施预防争议的产生。

问题105:劳动争议有哪些类型?

引发劳动争议的原因很多,可以从不同角度对其进行分类。按照相关惯例,劳动争议可分为以下几种类型。

1.个人争议和集体争议

根据劳动者一方当事人人数,劳动争议可以分为个人争议和集体争议,如图6-17所示。

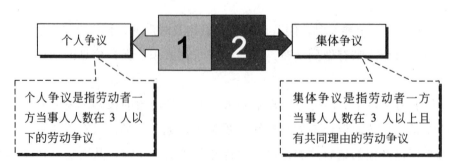

图6-17 个人争议和集体争议

2.既定权利争议和待定权利争议

按照争议内容性质的不同，劳动争议可划分为既定权利争议和待定权利争议，如图6-18所示。

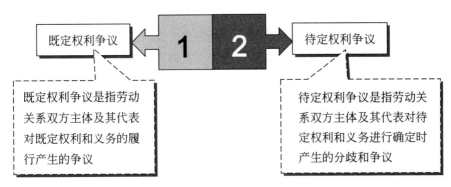

既定权利争议是指劳动关系双方主体及其代表对既定权利和义务的履行产生的争议

待定权利争议是指劳动关系双方主体及其代表对待定权利和义务进行确定时产生的分歧和争议

图6-18　既定权利争议和待定权利争议

3.按争议事项划分的争议

按照劳动争议的事项，可以划分为因开除、除名、辞退或辞职发生的争议，因工资分配发生的争议，因保险福利发生的争议，因劳动合同发生的争议等。

问题106：处理劳动争议的依据是什么？

企业辞退、解聘或开除严重违反劳动合同规定的员工本是正常现象，但由于一些企业开具的处理意见书中使用的是人力资源部门印章，而不是具有法人资格的单位印章，结果被劳动仲裁部门认定为无效；企业调动员工工作岗位时未进行转岗培训，员工拒绝服从安排，从而引发劳动争议，仲裁部门因为企业没有履行相关程序而认定其决定无效。上述现象在国内许多企业都存在。这就启示企业在处理劳动纠纷、争议时应依法进行，否则将会形成无效处理意见，导致不仅无法及时惩罚犯错误的员工，而且白白浪费了精力和时间。

企业在处理劳动纠纷、争议过程中容易忽略的法律问题还包括处理证据不充分、缺少有力证明；忽视处理时效性规定；处理书送达手续不完善等。以上任何一个方面的疏忽，都可能导致企业处理意见无效。

企业处理劳动纠纷、争议留有法律"漏洞"的现象说明，一些企业没有充分尊重员工的辩驳权利，以为劳动纠纷、争议处理仅是企业内部管理问题，而没有意识到必须依照法律规定的程序严格执行。企业如果继续忽视这些问题，被处理员工依据法律规定要求仲裁，不仅会导致人力资源管理无法正常进行，而且会使企业的声誉受损。

问题 107：如何应对常见的劳资纠纷？

以下是六种常见劳资纠纷的应对策略，供企业及人力资源经理参考。

1.解雇（辞退）纠纷的应对策略

如果企业做好了预防工作，则这一类纠纷的应对工作就比较简单了。无论是在仲裁阶段还是在诉讼阶段，企业只要准备好解雇（辞退）资料，做好答辩状或者起诉状，出庭时认真陈述和举证即可。

2.开除纠纷的应对策略

企业在应对劳资纠纷官司中，处于最被动地位的也就是开除纠纷。之所以会被动，是因为很多企业在开除员工时没有收集整理好材料，尽管有很多理由，但不能提供足够的证据证明开除员工是正确的。所以，企业对证据的收集整理尤为重要。

3.辞工纠纷的应对策略

通常员工自己辞工的一般不会上告，即使员工上告了，也比较好解决。企业只要保留好辞工单，届时将其提供给仲裁庭或者法庭即可。

4.加班纠纷的应对策略

对企业来说，加班纠纷是较难应对的，要想解决好这类纠纷，就应当依据《劳动法》的规定支付员工加班工资，同时做好预防工作。

5.患病医疗纠纷的应对策略

患病医疗纠纷主要涉及员工患病后住院治疗所产生医疗费用的承担问题，以及因为患病不能从事原来的工作或新安排的工作而导致解除合同后的经济补偿金和医疗补助费的承担问题。对此，企业应当做到以下两点：

（1）注意核对员工是否确实因病住院及其医疗费的真实性；

（2）审查员工的病是否达到不能工作的程度。

6.工伤待遇纠纷的应对策略

工伤待遇纠纷主要体现在两个方面：一是没有买工伤保险的赔偿，包括医疗费、医疗期间工资、一次性伤残补偿金、工伤辞退费等；二是买了工伤保险的。这两种情况目前都比较普遍，其应对策略是不同的，具体说明如表6-5所示。

表6-5 工伤待遇纠纷的应对策略

序号	类别	应对策略
1	没有买保险的工伤	（1）职工受伤后，及时将其送往医院治疗，帮助其早日康复，以缩短治疗时间和减少医疗费 （2）治疗终结后，立即做伤残等级鉴定。企业认为伤残等级鉴定有问题的，应在法定时间内申请重新鉴定 （3）对于劳动部门做出的员工属于因工受伤的认定，如有异议，应当在收到认定书之日起60日内申请行政复议。对复议决定不服的，在收到之日起15日内向人民法院提起诉讼；对一审法院判决不服的，还可以上诉 （4）员工被确定为工伤且有伤残等级的，企业不能主动辞退该员工。如果员工要求辞工，必须在双方协商好工伤待遇问题后才能准予辞工。通常协商支付的工伤赔偿数额不应低于法律规定数额的50%，以免员工拿到赔偿后又以显失公平为由提出申诉。因为根据《民法典》的规定，显失公平的民事法律行为属于可撤销的民事行为，当事人一方可以向人民法院起诉要求撤销
2	买了保险的工伤	按规定，买了保险的工伤，所发生医疗费的70%、一次性伤残补偿金、残废退休金等由社保局承担，企业仅承担医疗费的30%、医疗期间工资、工伤辞退费等。应该说，这类工伤主要涉及员工和社保局；但当伤残等级鉴定为5～10级时，那就直接涉及企业的利益了。企业主要负责处理好员工辞退时的工伤辞退费问题，这需要双方协商解决

问题108：如何建立非司法性员工申诉机制？

企业针对劳动纠纷在企业内部的另一种非对抗性处理方式是在企业内部建立非司法性申诉机制。企业内非司法性申诉机制并非工厂内集体协商机制、工会制度或其他纠纷解决机制的替代品，其主要作用是将针对员工提出的申诉的解决方案加以规范化、流程化、制度化。

为保证申诉机制的有效性，企业内申诉机制应符合如图6-19所示的原则。

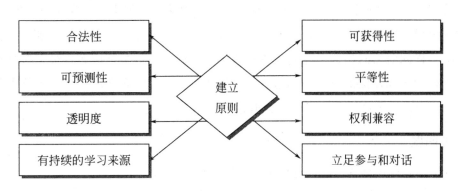

图6-19 非司法性申诉机制的原则

1. 合法性

申诉机制应得到员工的信任，企业有责任保证申诉过程的公正性。获得员工的信任是申诉机制得以发挥作用的关键所在。建立申诉机制的企业，应当下决心在管理上保证申诉机制的公信力，杜绝人情关系、差别对待、朝令夕改等情况的发生。因此，如何在运作申诉机制中始终保持前后一致，是企业在实际中应当仔细思考的重要问题。

2. 可获得性

企业应使所有员工都了解申诉机制。在员工使用申诉机制可能面临"特殊壁垒"时，企业应向其提供适当援助。员工应当有条件应用申诉机制，这样方能避免申诉机制形同虚设。导致员工无法使用申诉机制的"特殊壁垒"，可能来自语言障碍（例如方言不通）、文字或语言表达能力弱（例如低学历员工可能不善于书面表达）、信息不通畅（例如新入职员工可能不了解申诉机制的存在）等。对存在"壁垒"的员工，企业应提供必要的援助，包括在员工入职培训中就告知申诉机制的存在、在企业显眼位置张贴申诉流程图、为提出申诉的员工提供细致而有耐心的说明等。

3. 可预测性

企业应提供清晰和公开的程序，附带针对每一阶段的具有指示性的时间框架，明确诉讼类型、可能结果以及监测执行情况的手段。模糊复杂的申诉机制可能会让员工因门槛多而却步。申诉机制应当清晰表明每一阶段可能花费的时间、采用的评判标准和工作流程。对申诉的处理应当遵循统一的标准（例如企业明文公示的管理规定），让员工能够对申诉处理的过程做出预先判断。申诉机制的可预测性越高，越有助于员工认可其公信力，从而使员工越有意愿使用。

4. 平等性

企业应努力确保申诉者有合理的途径获得信息、咨询意见和专业知识，以便在公正、知情和受尊重的条件下参与申诉进程。相对于企业而言，员工在维护自身权益方面往往处于弱势，很大一个原因在于员工与企业的信息不对称。员工由于自身能力、学业背景、专业性的差异，常常并不能准确把握何种状况符合自身合法权益和利益诉求，而且不具备同企业一样的财力向相关专业人士进行咨询。因此，申诉机制应允许员工自行获得可信任者提供的援助，保证员工平等地参与申诉进程。因此，企业应在每年预算中预留一定比例的资金，用于协助员工获取专业指导。

5. 透明度

企业应随时向申诉各方通报进展情况，提供充分信息。

这一原则要求在保护当事人隐私的前提下，将处理申诉的过程全面展现在企业员工和管理层面前，将处理结果带到公众面前以接受检验。这对企业在处理申诉时的能力、技巧、方式都提出了挑战。

6.权利兼容

企业应确保申诉处理的结果和相应补救措施不违背国家和地方政府颁布的相关法律法规，并确保与国际通行准则相一致。企业自行管理和运作的申诉机制，有可能会在重大利益纠纷面前倾向于维护资方的利益。

7.有持续的学习来源

企业应采取相关措施，从申诉处理中汲取经验以改进该机制；同时，预防今后发生同类申诉。因此，企业人力资源部门应定期统计分析申诉的类型、申诉的原因和申诉发生的频率，为企业管理层制定和完善相关制度措施提供决策依据。

8.立足参与和对话

企业应当设法将各类矛盾在仲裁、诉讼之前从内部解决，通过与员工磋商，建立申诉机制，侧重通过对话协商处理解决申诉。业内非司法性申诉机制强调"对话"，即通过对话化解矛盾冲突，这体现了申诉机制以预防为本的目的；强调"参与"，即让员工有空间、有条件参与到申诉机制的设计和运作中，只有听取各方意见，方能让申诉机制真正维护每一方的利益。